www.aalmas.eu

No silêncio da Noite

de

António Almas

Prelúdio

Que se faça silêncio porque o fim está perto. Que se calem as vozes e se apaguem as letras, porque tudo já foi dito. Deixai a Noite fazer-se alvorada, cue a vida renasça e tudo acorde depois da madrugada.

Aqui de onde olho o horizonte, a névoa é a ponte entre os mundos, e, em silêncios profundos percebo que está chegando de novo o crepúsculo, que vens tu Noite polvilhar-me de estrelas e encantos, nestes ciclos que já foram mansos e agora agonizam em prantos.

Que sucedas ao que me resta e sejas em mim sempre eterna…

Noite.

Ficha técnica

Título: No silêncio da Noite

Autor: António Almas

Edição: Quinta Dimensão, Unipessoal, Lda.

    Rua José Emídio Amaro, 9

    7160-213 Vila Viçosa

    edicao.propria@gmail.com

Capa: Raquel Luna

Paginação: António Almas

Impressão: P.O.D.

ISBN: 978-989-99656-5-2

Depósito Legal: 421476/17

Vila Viçosa, 3 de Junho de 2017

No silêncio da noite

É no silêncio da noite que me deixo adormecer em pensamentos perdidos num lugar qualquer. Aqui, entre pequenas estrelas e grandes vazios, os meus pensamentos flutuam como penas nas asas dos ventos que sopram de sul.

Deixo-me ficar, escutando, cada palavra não pronunciada, cada letra não escrita, procurando tão somente, perceber para onde querem ir, e onde querem levar-me. Só, nesta travessia sem gente onde a multidão se comprime, num espaço vazio, procuro encontrar-me dentro deste nada que sou.

Ceifado, como o trigo, deixo-me cair, sobre o manto das estrelas que a noite escura e fria, estende sobre mim, sentindo-me perdido pelos espaço infinito num abraço universal que me faz esquecer as origens e me leva para lá de todos os limites, no silêncio da noite.

António Almas

Adormecer selvagem

Entrego nos braços da noite o corpo exausto. Liberto a alma, selvagem, na escuridão que me envolve. Na companhia das estrelas, galopo pelos prados adormecidos, sentindo a cada passo, o crepitar do gelo que cede à minha passagem. Sigo, em direcção a lado nenhum, numa ânsia de libertação do fogo que me consome por dentro.

Procuro, nesta caminhada apressada, o corpo perdido numa cama qualquer. Sinto, o vazio da minha própria ausência, derramar-se sobre os meus sentidos. A noite, escura e fria, não consegue conter em mim a força que emana do meu espírito.

Deixo-me perder por aí, até que o dia me amanheça e me leve de volta ao corpo despido, que repousa numa cama qualquer.

Gotas de maresia

A noite carrega consigo a maresia, gotas que se condensam no meu corpo, que me lavam o espírito. No escuro, sinto a presença do vazio, o abraço apertado da ausência, e a dor da mágoa que me invade como estas gotas de água límpida.

Não entendo a solidão, não compreendo esta necessidade de fechar-me em mim. Apenas sinto que preciso de fugir, de estar ausente, de sufocar-me por um instante, para renascer num espasmo, no segundo seguinte.

Na escuridão da noite, desperto um ser diverso, acordo para um mundo de sombras, de vazios e silêncios que não procuro, mas de que necessito. Na noite, fria, e pálida, os rasgos de luz, são espadas cravadas no peito, são fios de esperança que varam todo o vazio num ligação entre o dia, e a minha noite.

António Almas

Flor da noite

Caminho, descalço sobre o prado. A luz da Lua ilumina-me o caminho, está intensa, branca e imaculada. Uma flor, confundida com tão estranha luminusidade, desabrocha ali mesmo à minha frente. A flor da noite, branca, pálida, mas bela como tantas outras flores, desabrochou, enfeitiçada por este luar de prata, numa magia da natureza, ou, simplesmente, num gesto de sensibilidade.

Sentei-me a seu lado, e ali me deixei ficar, juntamente com ela, contemplando o luar. Os nossos corpos brancos, projectavam sombras, sobre as sombras da noite, brilhávamos, e sonhávamos com um passeio por entre as estrelas que acompanhavam a Lua no seu lento percurso sobre o céu escuro da noite.

Despertar

Depois de abandonado sobre a cama, o corpo, dorido de um dia intenso, repousa sobre a seda dos lençóis. A alma, esvoaça para longe, envolta em sonhos e quimeras, deixando-o ali, abandonado, perdido, vazio de vida.

Sobre o céu escuro da minha noite, as estrelas são sinais que me guiam nesta viagem distante a lado nenhum. Esta alma desprovida de sentidos, segue o caminho infinito da noite escura, procurando-se a cada estrela, descobrindo-se em cada galáxia, para que possa regressar e ter fôlego para fazer o corpo que a perdeu, caminhar pela estrada da vida.

Depois dos sonhos, o raiar do dia, chama-me de volta, o corpo, gelado, inanimado, espera-me, com a saudade que o vazio lhe deixou. Regresso, para um despertar novo, que o dia, dissolvendo a noite, voltará a fustigar,

António Almas

deixando-o exausto, no final de mais um dia.

Espaço de solidão

Sento-me, na beira deste limite entre a Terra e o Mar, quero partilhar com ambos a minha solidão, a minha vontade de ficar só. No limiar do momento, deixo atrás tudo o que ganhei, olho o infinito sem ver o que vem, vivo apenas o prazer deste momento em que me deixo envolver pelo silêncio.

Absorvo todos os sons que o horizonte me trás, sinto, o toque da água fria deste mar que me afaga os pés, deixo que o espaço me devore na solidão deste instante, em que o dia adormece nos braços da minha noite.

Deixo que os pensamentos resvalem para este oceano que à minha frente se agiganta, afogando-se no sal desta água pura. Espero, libertar-me aqui, na beira deste abismo, deste corpo velho e usado, e ganhar asas para voar de novo, numa liberdade há muito conquistada.

António Almas

Aqui sentado, espero que a noite me abrace num prolongado momento de solidão.

Tempestade

Noite, longa e escura, fria e triste. Abraça-me, envolve-me, absorve de mim a energia do relâmpago, escuta o grito do meu trovão, e deixa-me, inerte, sobre o chão deste bosque, junto com as folhas mortas.

Aqui, deitado no solo, húmido, olho o céu que se risca com a força da tempestade, sinto a força da chuva que cai sobre mim, e sinto o cheiro da terra molhada. As forças que me ceifaste deixaram o meu corpo vazio, apenas o espírito sente, apenas a alma sobrevive à tormenta que me rodeia.

A cada raio a noite, faz-se dia e as árvores fazem sombra sobre a minha vida. Deixo-me estar, abandonado à sorte de um destino há muito traçado, esperando pelo momento em que a carne se dilacere e a alma seja chamada para a eternidade.

António Almas

Espero, enquanto a tempestade se abate sobre mim.

Renascer

Adormeço sobre as sombras da noite. O meu corpo dissolve-se no silêncio, enquanto o espírito se evapora com a alma. No teu âmago, renasço a cada alvorada, como um homem novo, vazio.

Acordo num mundo novo, onde a noite é companheira dos sonhos, onde o amanhecer não dói, apenas traz luz às sombras, e nos desperta com o chilrear dos pássaros.

O despojos, deixados atrás, são arrastados como cinzas, pelo vento norte, espalhando-se por toda a envolvente. A chuva que caiu, lavou o chão despido, levando para longe as recordações, ficando apenas a memória de um tempo que se esgotou.

A nova criação, abre os olhos para a luz da madrugada que ganha terreno à escuridão da noite, inspira profundamente, e faz-se à vida.

António Almas

Amante

Noite, amante eterna, que me envolves num abraço de sombras, que me afagas o rosto com a brisa do vento norte, sinto-te chegar com o fim do dia.

Amas-me com a intensidade da tempestade de inverno, acaricias-me com a suavidade da brisa de Primavera. Neste momento perdido, sem tempo, o calor duma noite de verão, entranha-se no meu corpo, o teu, despido de estrelas, desce sobre mim, invadindo-me a alma com um silêncio calmo e tranquilo.

Deitado, sobre este manto de escuridão, iluminas-me com o brilho das estrelas que nascem no teu olhar, o teu sorriso, feito de luar, toca suavemente os meus lábios, matando-me a sede que a solidão de um dia me impôs.

Exausto já, desde jogo de sedução, adormeces-me nos braços da escuridão, levando-me numa viagem de sonhos, para o mundo da ilusão. Neste voo infinito, sem asas, sigo-te preso no perfume dos teus cabelos feitos de caudas de cometas, para lá do fim do Universo, onde a realidade termina e a fantasia começa...

António Almas

Esperar

Na longa noite da vida, parei na berma do caminho e deixei-me ficar. O meu tempo seguiu em frente, e eu, simplesmente, parei. Fiquei a observar, as outras vidas que passavam, vi-vos passar a todos, escutei conversas, senti a desilusão dos vossos maiores fracassos. Sonhei com todos os vossos maiores sonhos. Vi-vos partir, tão rápido como chegastes, e deixei-me ficar, parado, sentindo o vento passar, perdido do meu tempo, sem tempo algum onde me encontrar.

Nos momentos de solidão, enquanto naquela estrada não passava vida nenhuma, pensei em tudo o que vivi até ali, sonhei com o que teria vivido se seguisse o meu tempo, meditei sobre as decisões que tomei.

Aprendi, com cada vida que passou, colhi para mim pedaços das vossas histórias, e com o passar do tempo, os meus pés criaram raízes, os meus braços folhagem, o meu corpo, entumecido, endureceu.

Hoje, sou apenas uma árvore, na berma da estrada da vossa vida.

António Almas

Gotas de orvalho

Noite! Não vejo as tuas estrelas salpicar-te de luz. Não encontro a tua Lua, farol que me guia através da escuridão. Noite! Escura e fria, porque me deixaste aqui ficar? no meio do nada, envolto neste silêncio ensurdecedor.

Noite! Entrego em ti o meu corpo desnudo, abandonado sobre a terra, na esperança que um pássaro esvoace sobre ele e lhe colha a alma, levando-me para longe daqui, sobre o oceano tranquilo, numa viagem para além das nuvens.

O meu corpo, vazio, coberto de gotas de orvalho, desperta da dormência da noite para o fim da escuridão, no horizonte o dia, suavemente quer rasgar-te, noite, triste, que hoje me ocultaste a luz, me gelaste a alma e me deixaste morrer envolto num silêncio oco. Espero encontrar-te de novo, uma noite diferente, onde as estrelas me iluminem os passos e a Lua me guie até aos sonhos que sempre acalentamos juntos, envoltos num abraço, num sono tranquilo.

António Almas

Gotas de cristal

Gotas de cristal, lágrimas perdidas na noite. Pétalas despidas duma flor qualquer. Sentidos esvaídos, exprimidos, contidos apenas na essência de um instante feito de água, com sal mesclada.

Hoje, quero evaporar-me contigo, mudar de forma, esquecer-me de toda e qualquer norma, ser apenas ar, volátil, vazio, e nada mais. Quero subir, unir-me às nuvens que cobrem as tuas estrelas, tornar-me tormenta, condensar-me de novo. Purificado, quero cair, em direcção à terra, para novamente me perder, sobre um telhado, uma flor, ou simplesmente, uma estrada negra, um caminho que me leva de volta a lugar nenhum.

De regresso, ao mar revolto, através da doçura dum ribeiro qualquer, volto a salgar-me como as lágrimas que te escorrem pela face, nesta noite escura em que a minha alma não iluminou o teu caminhar.

Embalar

Noite, que me abraças, que me embalas, num sono cheio de sonhos. Que me levas para além do infinito, num só sopro de fantasia. Deixa-me dormir, esta noite, em teus braços, envolto pelo cetim escuro da tua cor. Quero descansar tranquilo, sem nada em que pensar, ficar quieto, perdido sem me encontrar.

Noite, deixa-me ficar, no silêncio do teu olhar, inerte e plácido, como a luz das tuas estrelas, que a imensidão não consegue devorar. Quero desfalecer, perder o ritmo ofegante da vida, expirar o último fôlego, e voar. Perder-me dos sentidos, afogar os sentimentos, e ser simplesmente energia que flutua em direcção aos astros.

Noite, fica, aqui comigo, nem que seja apenas e só, esta noite!

António Almas

Beleza nua

Beleza nua, paisagem tua, que meu olhos devoram. Pureza tua, alma nua, que os meus sentidos adoram. Escondida sob a penumbra da seda, danças em minha frente, ondulante como a brisa do vento, encontro-te com o olhar de quem desenha traços suaves sobre o teu corpo de cetim. Imagino, os sentimentos que se escondem por detrás dessa cortina que te cobre, mas, simultaneamente te despe, num gesto de magia que envolve este momento, em que sentado te observo, e te vejo balançar ao ritmo da música suave.

Imagem perdida no negro desta noite, que só a ti ilumina, suavidade no contorno dos teus braços que o carvão imprime sobre a tela, numa paisagem inebriante que me turva a mente.

Apenas tu, podes fazer brilhar o poder da criação, que num instante faz um homem qualquer perceber a eternidade.

António Almas

Difuso

Pairo, sobre mim, numa convulsão difusa, perturbada, pela tua presença. Beleza que transborda de teu corpo, e me invade a alma, confunde o espírito e aguça a libido.

Perco-me, na contemplação do teu traço suave, sobre as rectas contorcidas do teu corpo, fantástica criação divina, Deusa, Musa, ou meramente mortal.

Fico, aqui, entre a sombra e a claridade, neste momento de penumbra, onde te olho por entre a noite, nesta semi-escuridão que torna o instante puramente imaculado.

Sublimo a pureza do ser, nascido do nada, concebido, trabalhado pelas mãos do Criador, em ti, feito mulher, que em mim despertas o desejo de te possuir, ainda que só com um olhar, turvo, difuso.

Contornos

As sombras da noite adormecida, contornam suavemente os traços curvos do teu ser. Contemplo, na aurora deste amanhecer a ternura dos teus movimentos. Sinto no ar o perfume da tua pele, que o renova, como um filtro purificador.

Aqui, imerso em silêncios contidos, espero o toque do teu corpo sobre a minha pele, quero despertar, acordar desta noite que morre a cada segundo que passa, quero renascer com a luz do teu dia, percorrendo cada milímetro do teu corpo, num nascer do sol, entre os teus seios erectos.

O dia cresce em simultâneo com o prazer que os nossos corpos, colados, se dão, num abraço apertado. As bocas, imersas em beijos lânguidos, soltam pequenos gemidos que não conseguimos absorver quando as almas se perdem no infinito deste momento único, em que te tenho, em que me tens.

Finalmente o dia, queima a cútis já humedecida pelos movimentos da luxúria. O Sol, alto no firmamento apagou todos os vestígios desta noite em que adormeceste nos meus braços, e eu despertei sobre os teus.

Distante

Longe do meu mundo, encaro a solidão como um acto
de purificação, na minha mente, a imagem de um outro
tu forma-se com a ausência do teu corpo. Neste lugar
onde nem a minha língua posso escrever, limito-me a
deixar voar a alma, procurando encontrar-te nas asas
daquele pássaro que cruza o céu azul deste paraíso
perdido no oceano.

Nas aguas límpidas, mergulho, procurando a pérola da
tua alma, perdida entre os corais e os peixes
multicolores que neles habitam. Hoje, nesta solidão que
magoa e desgasta, sinto o quanto importante e a tua
presença. Só a noite, cujas estrelas trocaram de lugar,
me conforta, com o final de mais um dia, trazendo para
mais perto o momento em que o meu corpo se colara no
teu num abraço permanente.

Abandono-me ao pensar e deixo as ondas e o sol levar-

António Almas

me através da eternidade num instante de ternura em que a tua alma me vem visitar, aqui, onde o mundo termina na linha do horizonte.

Cor canela

A tua pele cor de canela, os teus olhos escuros como a noite, os teus cabelos, ondulados como o mar, deixaram em mim, um pedaço da tua alma. Perdi-me no teu olhar intenso, encantei-me na suavidade da tua voz, vi-te chegar nos contornos suaves de um corpo macio que abracei numa dança infindável.

Na magia daquele encontro fortuito, uma casualidade que o universo me quis brindar, cheguei entre muitos, para me fazer notar no brilho dos teus olhos. Entreguei-me à candura dos teus lábios doces de mel, e ao abraço perfumado de um corpo fresco entre a intensidade dum sentido louco e quente.

Depois, parti, para o outro lado do mundo, trazendo-te comigo na alma, não sei o que ficou de mim lá, sei apenas que não vim completo. Não sei quanto de ti veio comigo para esta viagem fora de tempo, que será eterna.

António Almas

Este momento no tempo, entre cruzar de sensações, uma ferida aberta que não fechará jamais, porque jamais poderei voltar a tocar-te, minha pele canela, meu aroma quente, ou como simplesmente te chamei, meu "cielito lindo".

Encontro-te

Encontro-te, em cada mulher, em cada toque, sobre a pele de um corpo qualquer. Não importa a forma, a cor, ou os traços, tomas um ser qualquer, aproximas-te, e entregas-te num olhar profundo e intenso a mim. Sigo-te, pela vida fora, de corpo em corpo, de mulher em mulher, passas, e fazes-me seguir-te, possuis-me e depois deixas-me à deriva.

Procuro-te, em cada olhar, em cada palavra, em cada sorriso, cruzando-me vezes sem conta com corpos de mulheres, tentando descobrir-te num deles. Por vezes fazes-me sentir perdido na escuridão da noite, ou, no meio da multidão, acreditando que não existe, que és apenas fruto da minha imaginação. Mas, num instante, num qualquer lugar do mundo, na situação mais casual, apoderas-te de um corpo, e lanças-me aquele olhar, murmuras-me palavras que só eu consigo entender, e, nesse momento, vejo-te, para lá daquele corpo, sinto-te

António Almas

a alma que conheço para lá da eternidade, e corro,
ganhando novo fôlego, pela vida fora, esperando
conseguir alcançar-te.

Entre a noite e o dia

Espero, a eterna alternância entre a noite e o dia, entre a claridade e a escuridão, entre a realidade e a fantasia. Balanço, por entre pêndulos, procurando a nostalgia dos tempos que passam como estrelas cadentes, em direcção à escuridão no espaço. Pequenos rasgos de luz que cortam como sabres a noite, fria e só.

Nesta guerra permanente, entre a luz e a tua ausência, deixo-me enfeitiçar pelo negro olhar que me dedicaste, num instante em que os nossos mundos se roçaram, partindo depois em direcções opostas, tu, irradiando beleza, rumo à claridade, eu, fechado na saudade do momento, voando na noite escura.

Longe, na longa noite da vida, projecto no céu o instante em que o teu olhar se prendeu no meu, em que o teu sorriso abraçou o meu corpo, em que a tua voz tocou a minha alma, para sempre.

António Almas

Perdido

Perdido, no imenso mar azul, voo, solitário sob o céu que se atormenta à minha volta, procuro-te, procuro encontrar-me naquele olhar profundo, negro e brilhante que um dia se cruzou com o meu.

Perdi-me nas lágrimas contidas na noite dos teus olhos, senti-te, em cada pedaço do teu corpo, percorrido por meus dedos sedentos, encontrei-te a alma, num beijo doce, suave e longo, em que a pele se abraça, e os olhares semicerrados se entre-cruzam, numa dança em silêncio dos corpos que se desejam e não se possuem.

Rasgo o céu, cada vez mais escuro, sinto a bravura do mar salgado, com as lágrimas da tua distância, banhar-me de maresia o peito aberto. Sinto-me tremer, não sei se pela incerteza dos sentidos, se pelo frio que a tempestade aporta.

Não quero querer, que apenas um instante tenha encerrado toda uma eternidade dentro de um olhar, mas sinto, que desabrochou em mim, um novo homem, que cresce, na solidão desta imensidão que nos separa, no silêncio das palavras que imagina e não pronuncia.

Talvez seja apenas mais um sonho, talvez, seja apenas mais um momento... de solidão.

António Almas

Estrela fugaz

Passamos, sobre o momento, ao fim de um dia quente, ficámos, trocamos palavras, os olhares fundiram-se, as vozes dançaram. O tempo parou, a cidade deixou de existir, em redor ninguém mais se escutou, fez-se silêncio em redor de nós.

Ficamos, presos um ao outro, naquele instante, eu risquei a tua noite, como uma estrela que cai, em direcção ao infinito, uma estrela fugaz, disseste tu. Deixamos-nos estar, esperamos que a eternidade chegasse para nos levar. Olhamos-nos, escutamos-nos, sentimos-nos, as emoções baralham-nos a mente, e a alma fica perdida em dissertações.

Eu parti, tu deixaste-me seguir, levei em mim pedaços de uma outra vida, a tua, deixei, espalhado por ali, pedaços de mim, para que pudesses encontrar-me. Disse-te que o tempo se encarregaria de apurar os sentidos, solidificar as ausências e descobrir as necessidades. Este segundo fugaz em que o meu mundo se fundiu no teu agitou todo o universo, alterando-lhe o rumo.

Estou aqui, sentado à minha mesa, em frente deste ecrã de computador, que teima em mostrar a tua imagem, mesmo quando não olho para ele, os meus dedos, esvaziam-me a alma a cada tecla pressionada, espero, ouvir-te, sentir-te, aqui, detrás de mim, sussurrando-me que sentes a minha falta, como uma melodia suave, que toca baixinho...

António Almas

Naufrago

Morri, sobre a areia da praia, esperando que viesses salvar-me do resto do mundo. Perdi as minhas forças no último sopro da brisa do mar. Deixei o meu corpo ficar, e a minha alma voar.

A noite chegou, e ali me encontrou, coberto pela areia que o vento soprou sobre mim, vazio, só.

Esperei por ti, a cada segundo, em cada instante, sonhei-te, desejei a tua boca, procurei tocar-te na areia da praia, tentei sentir-te na água do mar. Mas não vieste, e eu adormeci, no sono eterno de um final de tarde, de um final de vida.

Era madrugada quando chegaste e apenas o que restava de mim havia ficado, tocaste a pele inanimada, mortificada, sem vida. Chamaste-me e eu não respondi, porque a minha essência havia partido, desejando ficar.

Naufraguei, quando esperava ser salvo, morri quando me preparava para viver, abandonei-me quando esperava que me encontrasses.

António Almas

Vergar

Vergar, sobre o peso do tempo, fazendo os braços cansados tocar o chão, deixando as pernas pesadas, cravadas no solo. Dobro-me, fazendo vénia, ao sabor dos ventos, ao seguir dos tempos. Vejo a minha sombra contornar-me, ao ritmo dos dias que passam, sinto a pele estalar, o corpo curvar, a alma mudar.

Sinto a solidão das noite longas, que me envolvem e me gelam. Nem mesmo as estrelas, que pontilham o firmamento, me dão qualquer alento. Deixo-me estar, porque também não tenho para onde ir, esforço-me por não cair. Mas o corpo teima em não aguentar a força desta gravidade que me empurra contra a terra, tento, mas não consigo ganhar esta guerra.

Depois, perdi o norte, a alma não sabe onde ficou, e não me encontra. Não quero afastar-me, não quero perder-me dela para sempre, mas o tempo, dissolve os sentidos, e suaviza os contornos dum momento único. Não quero esquecer-me, mas já me custa recordar aquele segundo em que tudo aconteceu.

O tempo vai-me vergar.

António Almas

Vento

Vento que passa, colhe-me as palavras, atreve-te a pronunciar as que não consigo dizer. Vento que passa, colhe-me a alma, atreve-te a levá-la para longe sobre as tuas asas. Vento que passa, colhe-me o coração, que seguro em minhas mãos, dissolve-o no espaço, como areia do deserto.

Sinto a carícia dos teus dedos invisíveis, afagar-me a nuca, sinto o teu abraço apertado quando a tempestade se aproxima, a tua força arrasta-me, num turbilhão de sensações, no meio do furacão, vento, amigo, companheiro.

Sinto a tua presença, mesmo na ausência, na calmaria de uma tarde de Verão, no silêncio da agonia que me queima o peito. Sinto o conforto do final da tarde, ao nascer da noite, quando me sopras a face para despertar para mais um instante de tranquilidade.

Vento, escultor divino, companheiro eterno, que no momento final, vens buscar-me a alma que navegará para sempre no dorso calmo do teu ser.

António Almas

Escondes-te

Escondes-te, por detrás desse olhar, envolto numa névoa de mistérios. Ofereces-me o corpo, como se apenas ele me saciasse. Peço-te a alma, que insistes em ocultar detrás do teu peito desnudo.

Escondes-te, cobres-te com o véu da sedução, deixando transparecer o interior fechado numa barreira de cristal que me permite apenas contemplar o brilho que irradia do centro do teu mundo.

Descubro-te, em cada troca de olhares, nos sentidos que reprimes e não queres mostrar. No momento em que a minha alma trespassa o teu corpo como um sabre que não fere.

Descubro-te, em cada rosto de mulher, em cada palavra que não pronuncio, em cada instante que não vivo. A cada passo, sinto-te o perfume, encontro o toque da tua pele na seda que me acaricia.

Aguardo-te, gosto de ver-te chegar, quando o dia cede sobre a noite que de mansinho o adormece. Caminhas com a suavidade da brisa da tarde, com a leveza duma pluma.

António Almas

Repousas

Sobre a pedra fria, num instante de tranquilidade, o teu corpo desnudo, ancorou na margem do meu mar. Deixaste-te ficar, contemplaste o dia a adormecer nos braços da noite. Adormeceste, sobre o meu corpo inerte.

Deixei que a minha brisa, te afagasse, senti a tua pele macia, deslizar sobre as minhas mãos de vento, embrenhei-me nos teus cabelos, também eu adormeci, em ti.

Fomos, por toda esta noite, um só corpo, uma só alma. Os nossos olhos, fechados para o mundo exterior, perderam-se nos horizontes desta terra, feita de imaginação e sonhos, oculta num lugar secreto, que só nós conhecemos.

Quando a manhã te despertou, o meu corpo, fez-se orvalho, e deixei-me escorrer pelas curvas desse corpo nu, que percorri, de regresso ao meu mar...

António Almas

Silhueta

Fecho os olhos e deixo o pensamento voar, quero apurar os sentidos, para que estes sintam o perfume da tua pele, desenhem sobre a folha branca de papel, os contornos da tua silhueta. Esqueço-me do mundo lá fora, deixo a Lua imensa, banhar-me com o seu luar, esperando que, onde quer que estejas, me encontres reflectido na sua superfície.

Nesta noite, em que a brisa da tua alma me vem visitar, deixo-me ficar aqui, sentado, na saudade que ainda não conheço, esperando que chegues, para te sentir. Desejo-te, sobre a forma de uma borboleta nocturna, cuja beleza se oculta na ausência de luz, mas que os meus olhos conseguem vislumbrar quando despontas no horizonte. Quero descobrir, cada palavra tua, encontrar na tua essência um pedaço de mim.

Não sei há quanto tempo te espero, és uma imagem

difusa na minha mente, mas sei que encontrar-te-ei, porque sei de cor o teu corpo, e conheço a tua alma, porque és parte de mim...

António Almas

Voa sobre mim

Voa, sobre a minha alma, com a fragilidade das tuas asas de seda, com a beleza desse corpo de cristal, voa, sobre mim. Quero sentir a brisa dos teus impulsos tocar suavemente a minha pele adormecida.

Sobre tuas asas, trás-me a eternidade, a luz que desperta a tua leveza, o calor que aquecerá a minha pele gelada, desperta-me desta noite escura, dá-me vida, num beijo suave.

Esta noite, em que sempre espero, vejo as estrelas do céu, procuro nelas um sinal do teu regresso, uma forma familiar, as asas duma borboleta, que se agitam no firmamento, ganhando vida.

Não sei se este é um sonho que se evapora como o orvalho da manhã, sei apenas que quero que me leves a voar contigo, enquanto a noite, secretamente, nos une...

Num mundo novo

Caminho, na eternidade dos tempos, numa estrada sem fim, procurando-te a cada curva do caminho, detrás de cada árvore, em cada flor, em cada pássaro. Há momentos em que as forças me falham, sucumbo ao esforço de séculos de caminhada, mas, sempre sopra uma brisa, que me dá novo fôlego, levanto-me e prossigo.

Hoje, enquanto caminhava, envolto na música que ecoava na minha mente, sob o Sol deste final de Primavera, senti um leve toque sobre o meu braço, que me fez acordar da realidade. Senti-me entrar num mundo novo, olhei, e vi-te, pousavas-me na mão, batias as asas para me acariciar a pele, e chamar-me a atenção.

Trouxe-te ao nível dos meus olhos e olhei para dentro dos teus... nesse instante, todo o mundo em nosso redôr se evaporou, deixando-nos a sós, o teu corpo, frágil, fez-se mulher, sobre os meus braços e como que saída de um conto de fadas, estavas ali, olhando para dentro de mim, e eu, deixei-te entrar, abri-te a porta da minha alma, e tu deixaste-te ficar...

Entre o teu corpo e o meu

Sobre o meu corpo, o teu se fez mulher, em minha alma, a tua se adentrou, e como uma peça de puzzle, se encaixou. Eu, senti no momento que fazias já parte de mim, desde o início dos tempos.

Da metamorfose deixaste ficar as asas de borboleta, e deste o teu corpo a beber ao meu, que sedento, respirou cada milímetro de ti. No silêncio, feito de palavras escritas, aprendemos a sentir-nos, reconhecemos em cada frase, o êxtase de outros tempos, em que éramos unos.

O incenso queima o ar com os aromas da tua pele que imaculada, nunca toquei. Os meus olhos, cerrados, deleitam-se com o brilho dos teus que nunca vi, e as minhas mãos entrelaçam-se nas tuas, sem chegar a senti-las.

António Almas

Nesta magia que nos envolve, a música é um laço imenso que nos abraça os corpos distantes, e inebria os sentidos que nos levam a voar pelo universo que existe entre o teu corpo e o meu, entre a tua alma e a minha, entre os teus lábios e os meus...

Anoiteceu...

...e tu não voltaste! Esperei que o sol se deitasse sobre o horizonte. Pousado sobre aquele cais vazio, vi a noite chegar.

Deixei-me ficar, vi as estrelas nascer no pano escuro do céu, senti sobre a pele o frio da tempestade que se avizinhava.

Esperei, senti a fúria da natureza fustigar-me o corpo, a chuva, lavar-me a alma escura e triste.

O cansaço venceu-me o espírito, que acabou adormecendo sobre a madeira húmida. O dia despertou, encontrando sobre o molhe uma pequena mancha escura, no lugar onde na noite anterior havia abandonado à sorte dos ventos o meu corpo, onde entreguei à escuridão profunda a minha alma, para adormecer, na eternidade dos tempos, na esperança de um despertar radioso que não chegou a acontecer.

No final deste dia cinzento, quando a noite regressar, não encontrará vestígios daqueles instantes em que as palavras se vestiram de sentidos e fizeram a noite mais iluminada do Universo.

Partiste

Esta noite sentei-me no escuro do quarto, lá fora, a tempestade fustigava os vidros da janela, e a chuva, escorria como lágrimas. Os relâmpagos, transformavam a noite em dia, e iluminavam o meu corpo, inerte. O meu olhar, concentrava-se muito para além da tormenta. A minha alma, deixou o corpo, ganhou asas, voou, para lá do tempo.

Nas palavras que te deixei, envoltas em sentidos, ofereci-te os sons, o toque, e os olhares que, apesar de não veres, sempre se cruzavam em cada letra escrita, em cada frase sentida, a cada música não tocada. Sabes, a magia que os sentimentos encerram, pode, deve, ser desenhada de todas as formas possíveis, só assim conseguimos atingir a plenitude, só assim conseguimos sentir.

Neste espaço escuro, onde periodicamente espalho os

meus sentimentos, encontrar-me-ás sempre que a tua alma precise beber nas letras de uma simples palavra, o sentimento que nenhum toque, olhar ou som te consiga dar. Quem sabe, nesse momento, não descobrirás a chave que abre uma nova dimensão.

Partiste, borboleta mágica, foste pousar em outras flores, procurar aquilo que julgaste não encontrar aqui. Que o vento te seja favorável nessa viagem.

Fez-se dia

Subitamente, fez-se dia. Os braços estendidos deste Sol, rasgam o gelo de uma noite em que a tormenta congelou o espaço, em que a solidão envolveu a minha alma, em que a ausência de luz, ocultou o brilho das tuas asas de borboleta.

Aos poucos, acordo desta letargia que me impus, o corpo ganha força nas palavras que me escreves e a manhã desperta de novo os meus sentidos. Encontro-te agora, difusa por toda a envolvente, em cada carácter que escrevo, a cada palavra que não pronuncio, que guardo, apenas para te dizer num murmúrio, a cada frase que componho e te sussurro ao ouvido.

Nesta alvorada que te dedico, estiro os meus braços ao céu, agora claro como o dia que já amanheceu, e espero sentir-te de novo, como um anjo que mergulha do paraíso, sobre mim. Quero tocar-te a alma, senti-la sobre

António Almas

as minhas mãos, fazê-la corpo, descobrir-lhe cada recanto, cada instinto, e preenchê-la com os sentimentos que transbordam das palavras que escrevo, inundando com carícias o teu corpo sedento, a tua alma pura e os teus sentidos atentos.

Sinto-te

Sinto-te, em cada palavra descrita, em cada letra escolhida. Sinto-te, em cada inspiração tua, em cada instante meu. O teu corpo, que descubro, ccm a ponta dos dedos que te escrevem, descrevem cada milímetro da tua pele. Sinto-te o perfume que se mescla com o incenso que queima o ar salpicando a noite de aromas.

Esperas-me, sobre essa cama vazia, onde todas as noites adormeces em sonhos, embalados pela brisa. Chego de mansinho, afagando-te os pés, a minha respiração percorre suavemente as tuas pernas, sentindo-te sem te tocar, a pele macia. As minhas mãos, tocam o teu ventre como se de plumas se tratassem, sinto-te, o corpo arrepiar-se, descobriste-me, envolto no vento cálido desta noite, encontraste-me no abraço apertado que nos demos.

Os meus lábios, procuraram encontrar os teus na plena

escuridão, sabendo com certeza que iriam encontrá-los, no instante em que ambos nos beijamos, com a intensidade que apenas a saudade de muitas vidas deixou em nós. Senti-te, quando os nossos olhares se cruzaram, enquanto as nossas bocas se devoraram, num momento mágico.

Quando fizeste o dia nascer, o Sol foi encontrar-nos onde a Lua nos adormeceu, dois corpos colados, duas almas abraçadas, sobre os lençóis do amanhecer...

Tocar-te

O quarto, iluminado pela luz trémula das velas, exala o perfume do incenso de canela que deixa no ar uma atmosfera enevoada. A música invade todo o espaço, com acordes suaves, enquanto te espero.

A cama vazia, acolhe o meu corpo desnudo, que repousa, envolto no véu dos sonhos que despertas em mim. Deixo a alma voar, embalada pelos sons suaves, pairo sob o céu inundado de estrelas, esperando ver-te chegar.

Dormente, sinto-te os passos, o teu aroma invade o quarto, a luz das velas estremece juntamente com o meu coração, e a minha alma, pousa sobre o teu ombro, abro os olhos. Estás aqui, o teu corpo descobre-se, e na penumbra, encontro as tonalidades da tua pele que se perdem nas curvas de um corpo de menina, vestido com uma alma de mulher.

António Almas

Os meus braços acolhem a tua alma, e a minha alma recebe o teu corpo, sentimos o toque, sinto o calor da tua pele, e tu sentes o perfume da minha. Não estamos a sonhar, nem tão pouco são meras palavras com que criamos cenários que apenas a imaginação desenha. Somos tão reais, como a mais pura realidade e os nossos corpos entrelaçados, amam-se, sobre esta cama, outrora vazia.

Nesta arte mágica em que as almas dançam sobre os corpos desnudos, que a um ritmo suave, se amam, o mundo evapora-se como uma gota de água numa tarde de Verão, e ficamos só nós dois. Hoje, nem o amanhecer desvanecerá o sonho, porque hoje, a realidade surpreenderá o final da noite, e quando o dia se fizer anunciar, encontrará dois amantes, sobre a cama onde habitualmente, só tu acordas.

Essência

Na suavidade desta manhã, em que desperto a teu lado, perco-me nas palavras que não digo. Escrevo-te, à velocidade de um raio de luz, dos meus dedos, brotam sentimentos que não controlo, e sobre as teclas debitam frases e emoções simples, puras e sentidas.

Desde o inicio dos tempos que te procuro, caminhando sobre a areia da praia, tantas vezes deserta. Voando, na escuridão da noite, sobre mares tempestuoso, tantas vezes fustigado por ventos contrários. Perdido, sem norte, por caminhos escusos e frios, por ruelas e becos, procurando-te em cada rosto que se cruza, em cada alma que se sente.

Quantas vezes o meu coração se sentiu dilacerado pela espada da desilusão, quebrado, como se de barro fosse feito. Quantas vezes a minha alma ficou vazia, forrada com fotos de uma memória que trazia, de um passado longínquo onde tu eras presença constante.

No inicio desta viagem, pensei ser fácil encontrar-te, mas o tempo, tentou apagar a lembrança, e as vidas tentaram esconder-te por detrás de outros rostos sem alma, mas, todos aqueles que sopraram contra mim angústias e desamores, esqueceram-se que na minha alma levava gravado o perfume da tua essência.

Podemos ser diversas coisas, mas a essência daquilo que na realidade somos, a matéria inicial, nunca se perde, nunca se transforma, permanece eternamente escrita na Génesis da nossa alma. Por isso estou aqui, por isso tu também estás aqui, frente a frente, olhando para o fundo dos meus olhos, procurando pela essência de mim...

No silêncio desta noite

No silêncio desta noite, fico a escutar a minha própria alma. A Lua, preenche o céu imenso, apagando o brilho da tua estrela. Sento-me no topo da colina, em meu redor as luzes das cidades vizinhas prolongam o firmamento, pontilhando a Terra escura, esbatendo a linha do horizonte. Hoje, não se escuta nada, apenas o som do coração que bate, a um ritmo quase parado.

Sei que estiveste aqui, vi-te por entre as sombras das árvores adormecidas, deixaste-te ficar, vieste apenas olhar-me, descobrir nas palavras escritas o fôlego que por vezes te falta. Senti a tua alma palpitar na escuridão, comprimindo-se para não quebrar o silêncio, de palavras que não escreveste, de frases que nunca pronunciaste.

Com as mãos cravadas sobre a terra, deixei que os dedos se afundassem no solo fresco, deixei que criassem raízes e ali ficassem presos para que não deambulassem sobre as teclas, feitas de letras que sempre te escrevo. Mas, a minha alma, soltou-se e com ela libertaram-se as palavras, frases completas, que no silêncio desta noite, agruparam as estrelas em novas constelações e desenham sobre o céu escuro, as palavras que não ouso dizer-te ao ouvido, simplesmente porque, estiveste aqui, e não me deixaste ver-te.

Sopro do amor

O sol da meia-noite, inflama o ar, como uma bola de fogo, evaporando as gotas da última chuvada. As sombras ganham forma e uma leve brisa sacode a folhagem, ainda húmida. Misturo-me no vento que passa, envolto na maresia da madrugada, levando comigo o perfume do amor, aos quatro cantos do Universo.

Percorro cada milímetro de pele, deixando suaves gotículas deste perfume mágico que desperta os sentimentos. Neste voo infinito, percorro a Terra num segundo, deixando o mundo da fantasia roçar os corpos da realidade, sacudindo as almas, para um acordar doce e terno.

Nem sempre se consegue abrir a alma ao sopro do amor, nem sempre o simples toque da essência permite que sintas entrar em ti uma nova vida, mas, nos corações mais sensíveis, a noite, calma e tranquila, transporta nas suas letras a fragrância da paz, e do amor eterno.

Invado-te, conquisto-te, descubro-te, a cada letra que deixo cair sobre o teu corpo, a cada toque que não sentes, a cada sonho que te conto. Adormecida, nesta noite, que te embala, sobre braços inventados de frases descritas, deixas-te adormecer, deixas-te levar, e a noite oferece-te as asas, que, placidamente, te farão voar.

Gota de eternidade

Nesta gota de eternidade, condenso todos os instantes de várias vidas. Neste momento em que me fecho, sobre a minha alma, visito-te na noite dos tempos, recriando cada imagem nossa, cada instante teu. Desenho, sobre as telas os traços que decorei, moldo sobre o barro fresco o teu corpo que desejei.

Neste atelier imenso que é o meu mundo, crio cada canto à tua imagem, uso as cores da tua pele, e os perfumes do teu corpo. Esculpo as formas simétricas da tua alma que conheço desde o princípio dos tempos. Neste jardim secreto, que só tu conheces a entrada, deixo-me vaguear pelo tempo, esperando a tua chegada.

Nos acordes da música a voz impõe os versos que te escrevo, e as notas, frágeis como o cristal, ganham asas e invadem o firmamento. Neste lugar mágico, onde a noite e o dia se confundem num pôr-do-sol eterno, deixo cair do meu olhar uma lágrima de saudade, uma gota, dessa tão almejada eternidade, que carrega dentro o sal da vida, e o perfume da tua alma.

Eos, desvanece a noite, e acorda o sonho, o meu rosto ainda dormente, carrega com ele as marcas dos teus lábios, estiveste comigo toda a noite, na eternidade dos tempos, e descobri, que mesmo com o raiar do dia, continuas aqui, tão perto, tão perto de mim.

Mensagem

No teu olhar transportas os segredos de mil vidas, perdidas no tempo. Carregas em ti a minha imagem, a mensagem que deixei antes de nos separarem. Nesse olhar, antigo, que os séculos não conseguiram desgastar, estão guardados os instantes em que fomos apenas um.

Procuras, em cada ser, desvendar, por entre as linhas escritas, os códigos, subliminares, e os ícones que abrem as portas do Universo. Procuras, em cada corpo, os traços duma pele que outrora foi a tua, de uma fragrância que em tempos possuíste.

Chegaste aqui, paraste e olhaste para esta amalgama de letras, frases escritas, textos misteriosos, a tua alma balanceou, tiveste dúvidas e não conseguiste as certezas, que no meio de todos estes caracteres, por entre estas linhas, encontrasses os códices mágicos que te oferecem a chave dos céus.

Nas imagens, procuraste o mapa celeste, por entre as constelações de estrelas, que se re-arranjam à tua passagem, temeste encontrar num só local a porta e a chave que a abre, duvidaste que, após milénios de procura, viesses encontrar aqui, num pequeno grão de areia, na praia imensa da galáxia, o segredo, a mensagem, que completa, aquela que trazes gravada na tua alma.

Ritual

O dia adormece, suavemente sobre os braços da noite. Num instante as sombras absorvem as formas e apenas pequenos pontos de luz salpicam o espaço. A Lua, rasga o horizonte, avermelhada como o fogo que a faz brilhar. O meu corpo despido, sente o calor do teu, que a um milímetro espera e deseja por ser tocado.

Os meus olhos, cruzam o teu olhar, e por momentos, deixamos-nos ficar, parados, suspensos no tempo, sentindo apenas a proximidade, sentido apenas os espaço em redor, sentindo-nos. Num ritual de magia, estendo os meus dedos em direcção à tua face, parando antes de te tocar. Percorro todos os declives e curvas que fazes, como se tivesse asas e voasse sobre a tua pele. Sentes o calor da minha mão, que se envolve em ti, sentes os dedos, de uma forma imperceptível, roçar sobre ti, estremeces.

António Almas

Sem nunca deixar de te olhar, aproximo a minha boca da tua, deixo-me ficar, um instante antes do beijar. Sinto o calor que vem da tua alma, espalhar-se sobre o meu peito. Sinto o desejo que clamas, quando o meu corpo toca o teu. O silêncio encheu-se de músicas suaves, e entrelaçamos-nos como peças de um puzzle que se encaixam, formando uma só figura.

Sob o olhar de mil sois, permanecemos abraçados, na noite, enquanto a Lua nos contempla, quais amantes perdidos no tempo, até que o dia regresse para nos despertar.

Regresso a casa

Nesta longa caminhada, subindo a encosta da vida, aprendo em cada passada, a certeza duma busca perdida. O corpo, cansado, dos passos que deu, a alma pesada pelos séculos que perdeu. Procuro encontrar o caminho de volta à casa das palavras, onde deixei, escritos e formulas, em épocas passadas. Quero sentar, sobre a velha cadeira, pousar a minha mão sobre a pena, deixar nas páginas vazias, o cheiro da tinta, com sabor de palavras que carrego dentro. Quero perder-me a contemplar, da janela, o luar, e a floresta que desenhei, sentindo o vento soprar.

Ao meu castelo quero voltar, por lá deixei os sentidos, que agora que ando perdido, preciso encontrar. Nas noites etéreas, em que me sento e descanso, solto no vento o meu pranto, deixo a alma vaguear, por todo este mar de desencantos. As telas não desenhadas, campos estéreis, esperam pela minha mão, para desenhar sobre

António Almas

elas os traços de ti, que encontrei espalhados por aí.

Em vidas, outrora vividas, colhi as histórias, sentimentos e palavras, que carrego comigo, sempre que regresso ao lugar onde um dia comecei a caminhar, nesta busca perdida para te encontrar. Caminhos distantes, lugares recônditos, gravaram-me na alma o sabor dos instantes, o gosto de outros seres, e os pedaços perdidos que de ti foi encontrando ao longo desta viagem imensa que mais uma vez chega ao fim.

Não existe final, sem um novo início, e amanhã, quando o Sol me despertar, recomeçarei de novo, a caminhar.

Sem título

Envolto no manto de estrelas que a noite me ofereceu no início dos tempos, deixo que o vento me afague os cabelos, enquanto observo no escuro o nascer da Lua. A noite, faz-se dia com a sua chegada, e os meus olhos atentos, perscrutam o horizonte à procura duma alma perdida.

O nevoeiro dissipa-se, apurando os sentidos, escutando na suavidade do momento, a música que emana da minha alma. Nesta espécie de canto, existe um pranto que apela às forças da Natureza, aos mistérios escondidos nas sombras desta noite clara como o dia. Ensaio aqui, as formulas aprendidas na eternidade dos tempos, velando por todas as almas que esperam encontrar um instante de paz.

A brisa, afaga-me as asas, com um convite para que se estirem e voem sobre a planura, mas o meu corpo contem-se, esperando o momento certo para se elevar e sentir o vento dar-lhe vida. Guardo no intimo da alma os segredos da imortalidade, do amor e da ternura, esperando conseguir transmiti-los aos que incessantemente os procuram, e me procuram. Em cada pedaço de alma que encontro, deixo um pedaço da minha, ajudando-a a completar o feitiço para o qual está destinada.

Quando a noite começa a adormecer, o Sol, desperta para um novo dia, deixo o espaço, o tempo à guarda das fadas que na sua beleza luminosa cuidarão dos desejos e das almas daqueles que procuram e ainda não encontraram.

Sem título 2

Vindos de um tempo onde as asas nos caíram, ficámos aqui, agarrados à Terra, segurando as estrelas, nas pontas dos dedos, para que iluminem o espaço escuro da noite, como faróis distantes de outros mundos, os mundos dos sonhos.

Nos teus sonhos, voas, nas asas da brisa que sopramos, rumo ao firmamento, embalada nas melodias suaves que descobrimos nos confins do Universo. Nesta noite, a luz propaga-se como raios de uma tormenta que não existe. Agitas-te sobre os lençóis, a tua Alma, solta-se, quer viajar, quer libertar-se da prisão do corpo.

Levo-te, pela mão, por caminhos mágicos, entre a Lua e o Sol, entre as estrelas e os planetas, para descobrir numa galáxia distante, inundada de pontos luminosos, um lugar escondido, onde o tempo parou para descansar, e a música nasce, suave, como uma fonte de

António Almas

vida. Aqui, o teu brilho adensa-se, e todos os sentidos se condensam num instante de paz. Repousas sobre uma cadeira de baloiço, contemplando o horizonte, onde a noite e o dia partilham o céu, no mesmo momento, onde o Sol se abraça à Lua e as estrelas brilham.

Este é o mundo de sonhos que seguro na ponta dos dedos, como uma estrela cadente que risca o céu desta noite, para realizar os teus desejos.

Sem título 3

Voas ao meu encontro, seguindo as estrelas que marcam o caminho. A minha brisa, afaga-te o corpo desnudo, penteia-te o cabelo de seda. Sentado, no fim do horizonte, espero-te. Aqui a noite ainda não chegou, o dia acaba-se aos poucos num pôr-de-sol magnifico. Sinto o teu perfume no vento que passa, sei que me procuras, seguindo os sinais que deixei espalhados pelo Universo.

Aproxima-se o instante em que o teu corpo sentirá o calor do meu, em que a minha pele provará a tua, em que os nossos fluidos se mesclem numa emulsão suave, doce, como o mel. Voltas, para me dar as asas perdidas. Vens buscar-me, aqui onde o destino me deixou ficar, para cumprir nesta eternidade a missão que me confiaram.

Depois de tantos séculos perdidos, o cansaço marca-me

a face, desgastada pela entrega abnegada, a Alma, sente a falta de todos os pedaços que deixou nos outros, os sentidos, fracos, já não conseguem detectar as emoções e adivinhar o destinatário. Chegou a hora de regressar, e tu, vens, para me buscar.

A noite é já escura, mas vejo-te chegar, na majestade do teu porte. Os meus dedos, tocam a tua face, e, num instante de magia, as minhas asas desabrocham, beijo-te e o fôlego que me faltava, recobra com a tua presença. Tu fazes-me nascer de novo!

Sem título 4

Na ausência do tempo, que ficou lá atrás, escondido entre séculos, perdido entre o passado e o futuro, abandono o corpo, e deixo a alma tomar outro rumo. Aqui, deixo ficar a imagem de mim, uma amalgama de moléculas abraçadas umas a outras, deixo uma suave fragrância da minha alma, que me identifica perante todos os que pensavam conhecer-me.

Laço a Lua, e trepo para ela, nas águas do lago, deixo os despojos de um outro eu, um barco solitário que navegou na deriva destas águas agora plácidas, outrora revoltas. O feitiço deste luar, dá a força que a minha alma precisa para se elevar. Já sem asas, porque o tempo as apagou como uma borracha sobre a folha escrita, preciso agarrar-me a esta corda, símbolo do cordão original que me trouxe até aqui, e agora me recolhe de volta à eternidade.

António Almas

A meio do caminho, olho atrás, vejo o mundo, redondo, procuro encontrar os sinais que lá deixei, em almas espalhadas ao acaso. Vejo as sementes que plantei outrora nesta Terra fértil, que criei e vi nascer, que cresceram e se tornaram mensageiros. Uma lágrima de saudade desprende-se, chove, o mar tranquilo salpica-se de gotas de água salgada, uma última recordação, antes de voltar, olhar em frente e seguir, rumo a uma nova encarnação.

Intemporal

O dia desperta, deixando para trás a longa noite. O teu corpo quente, encosta-se ao meu, para se abrigar da brisa fria da madrugada. Sinto a suavidade da tua pele, roçar a minha, num aconchego doce e terno. A claridade invade o quarto, onde nos abandonamos aos desejos de amor. Vejo o sol nascer no teu olhar quando despertas, sinto a caricia da tua mão sobre o meu peito desnudo, quando o teu corpo se anima de vida.

Beijo-te, com a suavidade da seda dos teus lábios de carmim, no ar ainda se sente o perfume do incenso que ardeu, e no teu corpo ainda sinto o sabor do amor que te ofereci. Lá fora, o mundo continua a rodar, a vida ganha forma, e o dia avança no seu largo caminhar, até à próxima noite. Aqui, entre lençóis e abraços, deixamos-nos ficar, absorvendo a essência de cada um, entre os teus braços e os meus, entre as minhas mãos e as tuas.

António Almas

Afago-te os cabelos longos, ondulados como as águas do oceano, sinto o perfume de maçãs frescas que deles se liberta, o teu rosto colhe o calor do meu peito, como se colhe o trigo no campo. Os pássaros lá fora parecem entoar canções de embalar, ficando-nos uma vontade lânguida de nos deixarmos levar nas suas asas. Abandonamos-nos aqui, deitados sobre a cama, despidos de corpo e alma, porque para nós, este momento é intemporal.

Sonhámos

Exaustos de viagens através dos tempos, os corpos tombam. Repousam sobre o silêncio da noite, confortando-se no calor das suas peles de cetim. A eternidade deixa-nos sempre sem fôlego. A cada nova vida, consumimos as energias que acumulámos ao longo destes momento de sossego e tranquilidade.

Dormimos, o meu corpo protege o teu, mais delicado, sensível. Deixamos agora que os sonhos que criamos nas mentes de outros, invadam a nossa própria alma. Despidos das asas que nos elevam acima do sono, adormecemos, embalados na música perpétua de que somos feitos.

Esta noite não plantámos sonhos, esta noite, não criamos vidas, esta noite, foi apenas uma noite, como a de tantos outros, em que o cansaço nos invadiu os corpos, em que o sono nos dominou a mente. A alma, a nossa, deliciou-se em sonhar, não podemos fazer sonhar, se não formos capazes de ter os nossos próprios sonhos.

As asas, penduradas sobre o cabide da porta deste quarto imaginado, mudam suavemente as penas, para que possam voltar a voar como a leveza de sempre, neste silêncio imenso, que só o adormecer da noite nos proporciona, libertamos-nos das mágoas, dos sofrimentos e ganhamos energia renovada.

Esta noite, nós sonhámos!

O sonho

No mundo dos sonhos, as portas abrem-se de par em par, convidam-nos a entrar, a descobrir as sensações escondidas no fundo da nossa mente. A alma, desenha com cores diversas a paisagem, a floresta e o mar. Aqui, o ar é perfumado, e cheio de sons suaves, uma melodia natural, que nos embala suavemente. A noite e o dia coexistem numa harmonia perfeita de sombras e luzes, dando um brilho particular à atmosfera que nos rodeia. Neste lugar, esquecido, escondido, um jardim secreto, cujo caminho se oculta por detrás dos sonhos não sonhados, das emoções não sentidas, convida-nos a sentir sem o corpo, tudo aquilo que nos rodeia. Aqui, neste lugar mágico, somos etéreos e o tempo, não marca os compassos da vida. A beleza que nos afaga a alma é um presente constante do nosso sonho de criança.

Na vida, procuramos sempre encontrar-nos, mas é nos

sonhos que descobrimos a essência do nosso ser, é dentro deles que guardamos a vida eterna que sempre ambicionamos ter. Encontrar-me aqui, comigo mesmo, é tocar o limite entre a realidade e o sonho, atravessar a barreira que separa uma dimensão da outra e ser capaz de reinventar a vida a partir da própria essência do ser.

Hoje, depois de sonhar, renasci, como a semente, que hibernou com a chegada do Outono, com o frio do inverno, e que a Primavera fez acordar, de um sonho lindo, para se fazer vida e dar o fruto que alimenta os corpos. Estes são os sonhos da vida, esta é a vida dentro dos sonhos, o alimento para a alma, o fôlego para uma nova jornada.

Alquimia

A noite, deixa-me sobre a cama o teu corpo desnudo, inanimado. A tua alma adormecida, espera que a desperte, o teu corpo sem vida, espera para ser acordado. Debruçado sobre tratados de alquimia, iluminado pelas velas que aquecem as emulsões, misturo as essências, fundo os elementos, numa magia perfeita. Do vazio, crio a poção, com o nada encho de fragrâncias o ar. As minhas mãos, tremem com receio de falhar, a minha alma comprime-se a cada segundo que passa. Nesta noite, preciso dar-te vida, acordar-te antes que o dia te desperte.

A minha pele toca a tua, ungindo-a com óleos suaves, da minha boca soltam-se as palavras que os sábios descobriram no passar do tempo, do meu corpo emana uma vibração incontrolável que desce pelos braços e se transfere para ti. A minha alma escuta a tua, que aos poucos desperta, e chama por mim, nas mãos sinto os

97

sinais do teu corpo que se aquece à passagem do meu. Esta é a alquimia da vida, que desperta dos sentidos, que refaz a alma e o corpo, através das palavras, da sensibilidade, do amor.

Esta noite, trouxe-te à vida, para lá do sono que te adormece, abri-te a porta duma outra dimensão, convidei-te a entrar e a sentires comigo o prazer. Esta noite, quis amar-te para além do corpo, despertar em ti os sentidos, para lá da realidade, mostrar-te o outro lado do céu.

Fogo...

...magia de Deuses, luz divina que aquece esta noite fria. Fogo, da tua pele que arde de desejo, da tua alma que ilumina o caminho recôndito por onde me embrenho. Fogo que me consome o espírito, que funde os sentidos numa única sensação. Elemento poderoso que transformas a matéria, alteras as formas, e modificas as sombras, trazendo-nos uma imagem do dia, no meio da noite.

Aqui, sentado, no meio destas paredes de pedra, és a luz do meu mundo. Com os braços apoiados sobre a secretária de madeira velha, escrevo, embalado nas nuances do teu brilho. A folha branca, completa-se ao encontrar a tinta, fazendo os caracteres ganhar formas perfeitas. Já não sei se escrevo, já não sei se desenho, os símbolos mesclam-se com a luz e transformam-se.

No frio deste salão imenso, onde o vazio é senhor, os

quadros que pintei, em vidas passadas, adornam as sombras do presente, recordando-me aquilo que já foi. Na nostalgia deste momento, o tempo suspende-se por um instante, em que encontro nas palavras que escrevo, o teu rosto. A noite estende-se até à madrugada, e a alvorada prepara-se para me acordar, encontrando-me debruçado sobre folhas brancas, vazias de letras que, afinal, não escrevi. O fogo que ardia é agora um punhado de cinzas e o dia, vem revelar as paredes despidas de nada, do meu quarto de dormir.

Madrugada

Era já madrugada, o meu corpo dormia sobre a cama, a minha alma esperava-te sobre o umbral do tempo, a brisa do vento da tarde alertara-me para a tua chegada, pois com ela transportava o perfume da tua essência. Ali sentado, peguei no carvão, e sobre a tela, imaculada, deixei que as minhas mãos criassem. Chegaste, sobre a forma dum desenho, brotaste de dentro de mim, como uma criação, e, ali estavas, olhando-me.

O teu corpo sensual, soltou-se da tela onde nascera e fez-se mulher, o teu olhar, que fixava o meu, invadiu-me, senti o inconfundível perfume da tua pele, os teus cabelos roçaram suavemente a minha face e finalmente, ancoraste em mim. Os meus dedos, sedentos de ti, percorreram cada curva desenhada, cada detalhe, a minha boca, devorou-te, tentando absorver cada pedaço de ti.

António Almas

Os corpos, fundiram-se, numa poção mágica, no silêncio desta noite, madrugada, quase amanhecida. A minha boca encontra a tua,quando a Lua, deixa espaço ao Sol, e o dia vem rompendo o horizonte, num tom rosado suave. As estrelas, insistem em não se apagar, aguardam, querem sentir a tranquilidade deste reencontro. Hoje, acordaste na minha tela, e eu de olhos fechados, fiz-te mulher.

Escrevo-te

A folha branca, abraça as letras que nela marco com a tinta dos sonhos, onde te escrevo, noite após noite. Nela desenho com caracteres à muito inventados, o teu corpo, de palavras feito. Sinto a cada frase os contornos de ti, imagino em cada parágrafo os detalhes da tua pele e em cada hífen descanso para te ler.

Sentado, na penumbra deste lugar, onde a noite me encontra cada dia, deixo a minha mão voar, como cinzel sobre o mármore eterno. As formas nascem, e nasces da folha de papel, por entre metáforas, com a beleza deste momento em que consigo definir-te a essência e tornar-te vida. Não, não és um mero personagem de uma história qualquer, vi-te, sem nunca te olhar, na realidade da vida, por entre palavras escondidas.

Aguardo com serenidade o amanhecer, que trará com ele as tuas palavras, com que também tu desenhas este corpo que não conheces. Descobrindo a cada passo um caminho novo, pontuado de sensações, acentuado com emoções, e escrito com a tua mão sobre a minha. Já vem chegando a luz, ela anuncia-me um novo dia, um instante novo que espero seja mais uma frase, que completará uma história, perdida lá atrás, quando o tempo era ainda eterno.

Reencontro

No silêncio da noite, espero-te, olhando as estrelas. Sei que está entre elas, conheço-te o brilho. Por maior que o Universo seja, ambos sabemos encontrar-nos, pois somos um pedaço do outro.

A saudade queima-me as entranhas, este corpo onde habita a minha alma, quer sentir o teu, a pele clama outra pele, que apague esta chama que me arde no peito.

Solto dos lábios uma canção à noite, que ganha melodia quando a brisa transporta as palavras. As flores cobrem a planície, exalam um perfume doce me invade os sentidos. Deixo-me ficar quieto, deitado, adivinhando o instante em que chegarás de mansinho, para me tocar a alma. A madrugada avança, e o corpo sucumbe ao cansaço da espera.

António Almas

Encontras-me adormecido, do teu olhar desprende-se uma lágrima furtiva, que vem cair sobre a sede dos meus lábios, e acordar-me. O meu olhar, surpreende o teu, e a minha alma abre-se para te receber.

Quando a Lua nasce, deixando sobre a água um rasto de luz, encontra-nos, abandonados, nos braços um do outro, sentido o toque de seda dos teus lábios sobre os meus, os meus braços cobrem-te a pele macia, amamos-nos, sob este luar de prata. Sobre os corpos as almas dançam ao som desta música terna que escutamos.

O tempo não nos escapou por entre os dedos, simplesmente porque a eternidade nos pertence desde o inicio dos tempos.

Lágrima

Voltei à escuridão, à solidão da tua ausência. Ficaram apenas os ecos das palavras que ressoam nas paredes vazias da alma. A noite perdeu cada uma das estrelas que a ilumina, e a Lua, virou costas, deixando-me apenas o seu lado oculto.

A minha voz entregou-se ao silêncio, e os meus dedos gelaram, perdendo a mobilidade. A minha pele, perdeu a cor, e os meus lábios secaram. Uma lágrima solta-se, derrama-se sobre a face, numa torrente suave de dor, que desbrava caminho em direcção ao infinito. Lá fora o dia chora comigo, adivinhando que me sinto triste. As nuvens da tempestade, cinzentas e escuras, cobrem o céu, o vento rodopia ameaçando levar-me os pensamentos. Quando as palavras carregam sentimentos que não conseguimos compreender, assustamos-nos e temos tendência em nos esconder.

António Almas

Hoje é mais um dia para aprender, mais um dia em que percebo que não devo ser, que não devo existir, porque tudo aquilo que digo, acaba sempre por fazer tremer, a mais solida estrutura do ser humano.

Talvez não esteja preparado para a alvorada dos tempos, talvez, como um dia escrevi, não faça parte deste lugar, estou efectivamente aqui de passagem. O dia, alonga-se, e o meu corpo não suporta esta longevidade, chego às portas da noite, já de rastos, hoje, nem sei se lá chegarei...

Voando...

Quando a noite chega, adormecendo o dia em seus braços longos, abandono o meu corpo, sobre a cama, e a minha alma ganha balanço e voa para lá das estrelas.

Sigo o rasto que deixaste para mim, por entre sois e planetas, navego, sentindo o perfume da tua pele que nunca toquei. Corto o vazio, atravesso galáxias sentindo o chamamento da tua alma, a vibração do teu corpo.

Este fio de seda, que nos liga desde o início dos tempos, resiste, tenciona-se, mas nunca se quebra, por isso escuto a tua voz, sem mesmo nunca me teres falado, acaricio o teu corpo sem nunca o ter sentido em minhas mãos, olho dentro dos teus olhos, sem nunca os ter visto. Esta noite universal, companheira de caminho, musa de tantos sonhos inventados na ponta dos dedos, acompanha-me com a sua escuridão, deixando que apenas as estrelas marquem o caminho para te

António Almas

encontrar.

Já o sol começa a rasgar o horizonte, quanto encontro o teu corpo desnudo, junto à margem do lago. Olhas as estrelas e pronuncias o meu nome, num chamamento, vês-me chegar, como nunca me havias visto antes. Venho sentar-me a teu lado, afagar-te o cabelo, sentir as curvas da tua pele macia e esperar pelo momento em que os teu lábios irão tocar os meus e fazer com que o dia nasça, de novo.

Digo-te, "-Estou aqui, meu amor! Sempre estive, mesmo quando não conseguias ver-me.", abraças-me e sinto a tua alma acolher-me, como se fizesse há muito parte dela. E fez-se dia...

Carta

Passo mais uma folha em branco no livro da vida. Aqui, sentado à luz da noite, sinto a falta das tuas palavras que ecoam ainda como lembranças ténues na minha alma. Nesta nova página imaculada, escrevo-te uma carta. Uma carta que não vais receber. Uma carta que desenha com palavras os sentidos que acordaste em mim. Com a saudade a queimar-me o peito, deixo que a noite conduza a mão sobre o papel.

Na incansável busca na noite escura, nesta eternidade que se esgota, mas nunca acaba, caminho por entre as trilhas de muitas vidas, procurando por sinais de ti. Sinto o teu chamamento, mas não te vejo, escuto a brisa contar-me de ti, mas não te alcanço. Sei que existes, mas não sei onde encontrar-te. Procuro-te, dentro dos corpos que se cruzam com o meu, remexo nas almas que batem à porta, tentando encontrar o fio condutor que me levará até ti.

Sempre que julgo encontrar-te, evaporas-te, como uma fragrância, deixando atrás o teu perfume, que me faz sonhar, apenas sonhar! Onde estás minha alma gémea?

Que me faltas nas palavras, que deixas os meus sentidos sedentos dos teus. Nesta noite escura, retirei as minhas asas, sentei-me para te escrever, porque as palavras continuam a brotar-me dos dedos, à procura das tuas, à procura de ti.

Deixo ao vento, o livro aberto, na esperança que ele se encarregue de levar-te na brisa, as letras desta carta que te escrevi, que nunca receberás, porque não estás aqui.

Ecos

Escuto os ecos do teu silêncio, escritos com palavras emprestadas. Sinto que para lá do horizonte a tua alma sente a minha. Leio-te, no espaço entre cada caractere, entre uma palavra e outra, no limite entre uma linha e a próxima.

Sento-me, olhando o céu, e descubro o brilho dos teus olhos por entre as estrelas que aleatoriamente se dispersam. Escuto as músicas que me dedicas, leio, nos livros de que falamos as histórias que já havíamos vivido ao longo dos tempos.

Na essência do teu sonho, deixo-me ficar, esperando-te na alvorada de um novo instante e sei que ainda que não me vejas me reconheces em cada letra que te escrevo. No limiar de um novo dia, reabro a caixa de Pandora libertando a esperança que havia ficado aprisionada, acomodando-a no meu peito.

António Almas

Enquanto espero, as minhas mão, animadas pelas forças mágicas que conduzem a alma, soltam-se em palavras e traços, sobre o branco da tela, sobre o papel da folha que absorve o negro da tinta com que te escrevo, descrevo e invento.

Faço-te de palavras, desenho de carvão, reinventando cada traço, cada sombra, cada relevo, sobre o texto das palavras que te dedico cada noite. Não há tempo, não há distância que consiga conter o fluxo dos sentidos feitos de letras que de uma forma mística fazemos chegar um ao outro, no eco dos nossos silêncios que tanto se dizem...

Luar

Encontrei-te, reflectida no brilho da Lua, numa noite, em que olhava o céu, na constante procura de metade de mim. Estavas ali, desenhada sobre aquela superfície em tons de carvão, como sempre te desenhei nas minhas telas. Cruzei as vidas, sabendo como eras, procurando-te em cada lugar recôndito, e tu, estiveste sempre, no brilho do luar, a olhar para mim, sem me teres visto.

Encontramos-nos, os corpos abraçaram as almas e sentamos-nos, para olhar as estrelas, reminiscências de outros mundos, recordações de tantas vidas passadas, onde tentamos sempre despertar. Hoje, estamos aqui, sob a noite, de corpos entrelaçados, de almas coladas, numa fusão perfeita da essência de um ser.

Na ausência que partilhámos, nas incertezas que tivemos, houve sempre um sinal, uma luz, que fez estremecer a alma, uma arritmia celeste, que nos mantinha alerta para o instante, para o momento em que seguramente haveria a certeza de termos encontrado o que já à muito procurávamos.

Aqui, sentados os corpos sobre esta colina, deixamos as almas voar com as asas de um desejo que não controlamos, quebramos o silêncio desta noite, com uma canção que nos afaga o espírito, e deixamos-nos ficar, fazendo esta noite com as palavras que sempre nos dedicamos, com a intensidade dos sentidos, com a magia que só este luar nos permite ensaiar.

Escultura

Descubro-te, o corpo escondido por séculos de espera. Sopro, suave, uma brisa que aos poucos revela a tua silhueta. São pedaços de ti, que recolho aqui e ali, e junto para formar um puzzle complexo que julgo seres tu.

Nas noites límpidas, olho o céu, procuro nele o brilho do teu olhar, e espero a todo o instante que venhas olhar para dentro da minha alma.

Este ser, incorpóreo, feito de palavras apenas, assusta-te, e simultaneamente, provoca-te, numa sensação única que te faz procurar viver o instante, que desperta um frio no corpo, mas aquece a alma.

Gritas em silêncio à noite, perguntas-lhe se realmente existe alguém assim, a noite, calada, diz-te que tens de ser tu a perceber, a descobrir.

António Almas

Esta noite, vou soprar de mansinho, desnudar-te o corpo, enquanto dormes, como o escultor afaga o barro, húmido, suave, que ganha forma nas mãos do criador, fazendo nascer aqui a mulher que encerra a alma, contornando a pele com a ponta dos dedos, dando-lhe vida, fazendo o sonho acontecer.

Depois da criação, sento-me, olhando-a, tentando perceber quando dela é teu, quanto dela é meu, quanto dela é nosso. Contemplo-a, procurando nas imperfeições as virtudes do ser diferente, percebendo as minhas falhas.

Espero-te, na magnitude do teu ser, sem dúvidas nas palavras e sem medo de te perderes, afinal, ninguém se perde, porque sempre se guia pelos seus instintos, sempre terás em mim a mão que segurará a tua e te trará de volta da escuridão da tempestade, para a luz, da noite tranquila, em que a Lua nos ilumina os espíritos.

Visita nocturna

Revisito-te, em mais uma noite, procuro por entre as estrelas o caminho que me conduz a ti. Encontro-te, na beira de um lago de águas tranquilas, olhas o céu, a Lua espreita o teu corpo desnudo por entre o rasto das nuvens, e eu escondo-me por entre as árvores. Fico ali, descobrindo as diversas tonalidades da tua pele, este é mais um quadro que quero guardar de ti, mais uma tela que penduro nas paredes da minha alma.

A natureza invade a atmosfera com sons e perfumes, a esta distância, pareces uma Deusa que veio adormecer nas margens, deliciando-se com a frescura da brisa da noite. Espero que adormeças, e quando os teus olhos se fecham, voo suavemente sobre a superfície das águas. Paro mesmo a teu lado, as minhas mãos, percorrem, sem te tocar, o teu corpo, inalo o perfume da tua pele, e a minha respiração cobre-te.

António Almas

Deixo-me estar, junto do teu corpo, tentando adivinhar para onde foi a tua alma, a noite percorre o seu caminho e a Lua acaba adormecendo no horizonte. A nascente, a madrugada anuncia o rasgar do dia, o meu tempo está a esgotar-se, quero ficar, mais um instante, quero sentir-te perto de mim, por mais um momento, mas a luz vai deixar-me sem asas, converter-me num ser comum, tenho de voltar, ou perder-me-ei para sempre. Na suavidade do que resta desta noite, deixo-te um beijo, despeço-me de ti, regresso a mim...

Escreves-me

Desde o principio dos tempos que leio os textos que me escreves. Quantas e quantas cartas, deixadas sob a luz da Lua. Quantas e quantas noites, despertas, em que murmuraste frases surdas que deixaste na brisa do vento. Recebi-te, na distância e na ausência. colhendo cada letra, como o coleccionador guarda os selos das cartas que não escreveu.

Não fiquei em silêncio, escrevi-te, as cartas que não recebeste, as palavras que não escutaste, os livros que não leste. Na esperança de um dia me leres, espalhei pelos cantos do Universo, pedaços de frases que construí para ti, cartas, desenhos e simples suspiros.

Lágrimas e desencantos, promessas e desalentos. Este livro, que agora escrevemos juntos, inundado de palavras que nascem do nada, acompanhado de desenhos de nós que imaginamos, colorido com os sentidos que acumulamos cá dentro. Preenchemos cada página com letras desenhadas na noite, alimentando as almas com sentimentos, desejando que o dia nunca volte, para trazer a realidade e virar mais uma página, branca e vazia da vida.

Minha querida, encontro-te nas páginas que escreveste no livro da eternidade, com o fogo desta paixão, que queima o peito e alimenta a alma, de uma forma estranha, sem regras, louca, mas terrivelmente doce, sensual e pura!

A sós

De novo me embrenho na noite escura, onde o brilho das estrelas se consumiu no vazio da tua ausência. Onde a luz da Lua se apagou com a chegada do dia. A realidade absorve os sonhos, apaga os sentimentos e dissolve as palavras em imagens feitas de nada.
Sucumbimos há luz do dia, como um castelo feito de cartas se desfaz à primeira oscilação.

Fiquei a sós, comigo mesmo, neste mar de palavras, agora vazio de sentidos, porque já não faz sentido. De alma vazia, deixo cair das suas paredes os quadros que desenhei noite após noite. O meu pensamento esvoaça pela floresta despida de folhas. A tua alma, grita-me, quer sair de mim, e eu, não lhe fecho a porta, abro-te caminho e deixo-te partir, com a liberdade de te deixares ficar.

Esta noite, longa de mais, escura demais, fria demais,

123

deixou-me o corpo dormente, e o espírito ausente. Fui procurar-te e já não encontrei o caminho, o mapa que me guiava é agora um folha de papiro, vazia de referências, a luz que me conduzia está apagada e o brilho do teu olhar escondeu-se detrás das pálpebras que cerraste para não deixares sair uma só lágrima.

A Lua, companheira de confissões, fechou-me a porta, deixando apenas um pequeno traço de luz no céu escuro desta noite, longa, demasiado longa. Hoje perdi-te, sem nunca te ter tido.

Fica...

...na minha essência um pedaço de ti. Deixo-te, nesta gota, a fragrância de mim. Paro o instante, numa memória fotográfica. Separo as dimensões e deixo o corpo ficar na realidade. A alma, eterniza-se absorvendo cada momento de ti.

Fica, dentro de mim, porque somos muito mais que um breve segundo, porque vivemos muito para lá das estrelas, porque não podemos viver sem um "nós".

A noite faz uma pausa, uma paragem no tempo, muda de dimensão e deixa as palavras ficarem no silêncio dos dedos que agora só escrevem para ti.

Regressará, e tentará perceber se ficaste, aqui, exactamente onde te encontrei, ou, se decidiste partir, dispersando a tua energia pelo infinito espaço vazio.

António Almas

Fica, onde sempre estiveste, esperando encontrar-me, com a sapiência de quem viveu mil séculos, como a paciência de quem esperou mil vidas. Voltarei, para te abraçar, para te ter e te beijar, com o sabor dos sentidos que se propagam muito para além dos corpos, onde nada mais existe, que a energia de que tu e eu somos feitos.

Fica...espera-me...porque eu já espero por ti há uma eternidade...

Saudade imensa

Espero a cada instante a chegada da noite, porque nela vem o teu perfume, o sonho e a candura das palavras feitas de poemas escritos, sussurrados na brisa do vento. Espero, que o tempo voe, como um pássaro nas asas da noite, levando-me para perto de ti. A realidade não apaga, não dissolve, aquilo que alma sabe existir. O brilho pode até ser ténue, pode até perder-se por entre outros muitos brilhos, mas está sempre presente dentro de ti, dentro de mim.

Entreguei-me nos braços deste mar, salgado de lágrimas perdidas, senti o meu corpo abraçado pelo teu, senti a minha alma envolta na tua, senti-te em cada elemento, no sal desta água, no brilho deste Sol, na brisa deste vento, e, na luz da tua Lua. Uma presença constante que me carregou no colo sobre a areia da praia, ainda que por vezes pensasse que as pegadas que ficavam para trás eram as da minha solidão, percebi, que eram tuas,

António Almas

porque me carregavas na alma.

Adormeci, olhando o céu, na noite eterna que nos une, nesta ponte que criámos, e que apenas nós sabemos cruzar, um espaço mágico, um instante roubado à eternidade que nos permite, estar longe, mas tão perto, que sinto o calor da tua face roçar o meu rosto. O tempo teimou em passar devagar, como que a querer testar resistências, sentimentos e angústias, talvez numa tentativa de nos tornar mais confiantes, de nos dar certezas. As amarras que prendem esta alma à tua são feitas do mais forte dos fios, a seda, que constrói estruturas aparentemente frágeis, magnificamente belas, mas profundamente resistentes.

Os meu braços, a minha alma, estão de portas abertas, esperando sentir-te, aconchegar-te no peito, sentir o beijo doce dos teus lábios de mel, e a carícia suave da tua mão.

Acontece em mim

Doce é o amor que vem dos céus, tranquila é a noite que me aperta em teus braços, suave é a maresia que me refresca o corpo, plena esta Lua que transporta consigo um olhar que se perde nela. Sonhos, receios, desejos e segredos, partilhados numa troca de olhares reflectidos num espelho mágico em tons de prata.

De tudo isto sou cúmplice, ao esconder o Sol, com a sombra do dia, ao polvilhar os céus com estrelas cintilantes, ao transportar o silêncio no meu âmago, ao adormecer a vida nos braços de Morpheu. Em mim te abrigo, te recebo, te concebo, em mim adormeces para o sonho, despertando numa dimensão onde as sombras são simplesmente pedaços de pouca luz, e nunca escuridão, onde o dia e a noite partilham juntos os mesmo céu, onde os sonhos tomam formas reais.

Entre silêncios, solto as notas duma canção de embalar,

uma suave melodia percorre cada momento, não te deixando acordar. Este cântico que murmuro, deixa a tua alma voar, liberta-a, fá-la sonhar.

Acontece em mim, sempre que seguro o tempo na ponta dos dedos, dilatando um segundo até à eternidade, abrindo a porta, deixando passar o mais secreto dos segredos, moldando o mais íntimo dos sonhos, transformando a fantasia numa doce realidade.

Desligo a alma

Vazio imenso, resquícios duma noite em que o sonho não aconteceu, pedaço de vida suspenso do nada, metáfora oca, palavra sem sentido, sentimento sem alma. Abri os olhos com o raiar do dia, no peito o ardor duma viagem sem destino, duma ida sem regresso, dum momento feito de sombras. O Sol queima o olhar que se contrai em espasmos de luz, procuro a sombra, procuro o escuro.

Do corpo ficaram os vestígios, da alma ficou a saudade, de mim nada ficou, apenas eternidade. No horizonte a tormenta avança, por mim deixo-me ficar, aqui, no limite entre a terra e o mar, no limite entre o firme e o precipício. No limiar da realidade, quando o sonho não me invade, fica sempre o gosto amargo, fica sempre uma imensidão cheia de nada, fica sempre uma saudade adiada.

António Almas

Desligo a alma no interruptor da vida, ligo os motores que dão movimento ao corpo, coloco no lugar dos olhos um vidro castanho, ergo-me do chão, numa derradeira atitude de normalidade, e deixo-me ser como os outros, entrego-me à corrente deste rio de gente, ao quotidiano feito de rotinas de tempo, e deixo a alma apagada no fundo do saco! Desperto...

Fico...

...à tua espera, sentado neste banco de jardim, olhando as águas plácidas do lago, esperando pelo tempo, esperando por ti. Não vou a lado nenhum, apenas fico, à tua espera, sinto a tua presença em cada gota de maresia, em cada átomo de oxigénio, em cada sopro de vento, em cada raio de sol. E quando a noite vem, vejo-te, reflectida no brilho de cada estrela, na face oculta da Lua, onde te escondes só para mim.

Fico, aqui, à tua espera, porque o tempo não importa, porque a eternidade absorve os segundos e as tuas palavras alimentam a minha alma, mesmo quando não as consegues fazer chegar até mim. Sei que as escreves, que as pronúncias ao vento, que as sonhas e inventas, na tua poesia, nesse verso em branco, que escreves na areia da praia, no ar que respiras ou simplesmente na alma que é a minha.

António Almas

Descubro-te, ao olhar a flor, ao sentir o teu perfume invadir o ar que me consome, ao encontrar a tua alma, dispersa entre campos e cidades, entre rios e mares, entre o dia e a Noite. Reconheço-te, em cada rosto que passa, em cada corpo que flui, nas vozes que se cruzam, nas formas que se projectam na luz do dia, mas, particularmente, descubro-te, naquilo que não se vê, que não reflecte o dia, e apenas na sombra da noite, se transforma, vejo-te reflectida em mim, nesta alma que carrego comigo, a tua, que é minha, que é a nossa.

Digo-te que fico, à tua espera, porque apesar da distância, estas aqui, sentada sobre o meu colo, neste final de dia, esperando a Noite para me abraçares, para te mesclares no meu corpo e possuíres a minha alma, com a intensidade de mil sois, com a força das tempestades.
Eu? Fico!

Sabes...

Aqui, entre as estrelas da noite, onde a luz é eterna, sinto o teu corpo roçar a minha pele, sinto a tua alma penetrar a minha. Aqui, onde o tempo se suspende, entre um segundo e o próximo, onde a vida é realmente viva e a noite eternamente bela, espero, sentado sobre o vazio do espaço, que venhas sentar-te no meu colo, para te embalar no sono perpétuo.

As letras que se espalham sobre a mesa, pedem-me em súplica que as reorganize em palavras, e as palavras soltas que nascem da alma, clamam para que com elas construa frases, os parágrafos em desespero, chamam o meu nome para que os coloque no sítio e os textos, anseiam por encontrar o brilho do teu olhar, para se imortalizarem sobre uma folha de papel.

Quando não estou a escrever, mergulho a alma nos livros, nos textos, em tudo o que me leve até ti. Sei que estás ao meu lado, mas sinto sempre a tua falta, por mais perto que estejas de mim, por mais dentro e mais fundo que te sinta. Ao ler-te, a minha mente ganha asas e os cenários ganham vida dentro de cada página, dentro de cada livro, um mundo novo abre-se e das letras nascem sentimentos, das palavras fazem-se desenhos e de cada capítulo um mundo ganha dimensão, e tu, és a personagem central, em cada carácter que escrevo, em cada linha que leio, em cada momento que te vejo.

Sabes, sinto saudade...

Floresta mágica

A noite cai sobre a floresta, o teu corpc desnudo adormece sobre esta árvore secular, esperas, esperas-me. Chego com a partida do último raio de sol, para te encontrar no perfume desta noite que agora começa.

Sento-me, olho-te, vejo-te para lá do corpo dormente, dentro da alma que sonha, dentro do teu corpo transparente, onde os mundos se formam ao ritmo dos desejos. Fico aqui, a ver-te sonhar, mas o meu corpo não resiste à presença do teu, e o desejo de te tocar agiganta-se no meu peito.

Com a suavidade da brisa que te afaga, os meus dedos deslizam sobre a tua pele, sem quase a tocar. Como se fossem lápis de carvão sobre a tela, desenham-te os contornos, curvas e sombras, relevos e depressões, sentindo o calor da pele macia, sentido o palpitar do coração ao compasso de cada segundo. As mãos perdem-se por entre os fios de cabelo, sinto o aroma selvagem que a floresta te emprestou.

Despertas, com a ternura do amanhecer, e descobres-me encostado em ti, sentes o calor do meu corpo colado no teu e os teus braços contornam-me para me aconchegares no teu peito. Sorris, e deixas que a minha boca te beije, colhendo-te o sorriso que me dás. No silêncio imaculado desta atmosfera, escuta-se a música da natureza, que sobressai por entre as folhagens suaves do arvoredo que nos esconde. No alto, a noite comanda o céu, polvilhando-o de estrelas. Aqui, neste abrigo secreto, dois corpos entrelaçados perdem-se nas carícias que o tempo não lhes permitiu, suas almas, metades perdidas, reencontradas, entregam-se numa união eterna que o tempo jamais separará.

No horizonte o dia quer despontar, mas o tempo, aliado da noite, suspende-se para prolongar este momento em que o amor se impõe.

Palavras

O fogo, do Sol que morre sobre a névoa do horizonte, trás-me à lembrança as chamas que a saudade atiça e que aos poucos queimam o meu peito. Já não sei do que sou feito, se apenas de palavras, se alguma carne persiste. Não sei, se apenas a beleza das letras dispostas sobre a tela, sobre a folha imaculada, esculpidas com metáforas, pintadas com cores do arco-íris, te encantam o olhar...

Escondidos por detrás das palavras, um mundo de sentidos, de sentimentos, cresce sem que muitas vezes consigamos perceber. As portas, cujas chaves se encontram sob a forma de enigmas nas letras que te escrevo, esperam que as abras, que entres, não apenas pelo que dizem, mas particularmente por aquilo que sentem.

Quiçá a saudade me deixe triste, talvez a ausência me

deixe dormente, mas agarro a esperança, como a última que restou na caixa de Pandora, para elevar a cabeça acima da água e ganhar fôlego para mais um mergulho na profundeza do oceano do teu vazio. Escuto o silêncio da água, sinto o sabor do sal das lágrimas perdidas. A minha visão turva, adivinha apenas a direcção que deve tomar, deixando o instinto conduzir-me na imensidão deste mar.

Hoje sou apenas palavras...

Adormeço

Adormeço, fecho os olhos e deixo que a noite me leve para ti. Sinto os teus braços abertos, esperando-me. Deixo as asas desdobrarem-se e voo para ti. Sinto-te o perfume no ar mesmo antes de chegar, sei que me esperas e que desejas receber-me, queres sentir o calor da minha alma, o sabor do meu corpo, o toque dos dedos sobre a tua face.

Eu, quero sentir o calor da tua mão quando me afagas, quero olhar-te no brilho de um olhar que me ofereces, e sentir a tua alma palpitar sobre o meu peito. Os sonhos indicam-me o caminho, a música do teu espírito é um chamamento, e o brilho dos teus olhos é a luz que me ilumina. Chego, neste sonho feito realidade, como uma estrela que cai do céu, sobre ti, absorvendo cada momento do teu gosto, cada instante da tua pele, cada segundo de ti.

António Almas

O corpo, dormente da viagem, desperta ao tocar-te, como se mergulhasse em água viva, como se bebesse da fonte fresca, como se voltasse à vida. Ressuscitado, entrega-se, dá-se ao prazer de te sentir, de se fazer sentir em ti. Amo-te, ali, sob o olhar brilhante da Lua, sobre o manto protector da noite, fazendo as estrelas girarem sobre o firmamento, fazendo o céu, deitar-se sobre nós para nos mostrar a cor do paraíso.

Esta noite, como em tantas outras, durmo contigo...

Sonho, de olhos abertos, e espero, olhando as estrelas!

Universo

Crio, na ponta do lápis, a sensualidade que te adivinho, cubro, com as pontas dos dedos, os espaços vazios de um corpo por desenhar, arrasto as sombras, delineio contornos, fazendo o tempo esperar por mim, suspendendo o próximo segundo com a própria respiração. Cravo as mãos no peito, remexo a minha alma à procura da tua, sustenho-a com a delicadeza de quem segura uma porcelana fina, bela e frágil. Com a suavidade duma pena, deixo que deslize sobre a imagem criada, dando-lhe vida.

Como por magia, vejo-te, por entre as brumas da madrugada, qual pássaro solitário, num voo perdido no infinito dos tempos. Aqui, diante de mim fizeste-te mulher, materializaram-se os sentimentos, a imaginação deu-te corpo e a alma carregou-te de vida, e pôde tocar-te, antes mesmo de te ver, pôde sentir-te, antes mesmo de chegares.

143

António Almas

Neste universo paralelo, onde os sentidos dominam a matéria, onde o vazio está completamente cheio, de nós, as palavras são ecos que apenas confirmam a imensidão deste lugar. São os elos da corrente que nos liga, são segredos que depositamos nos braços da eternidade. Por entre todo este espaço imenso, os sinais, as imagens, as própria palavras são feitos de pedaços nossos, que marcam e identificam, sem erros, os verdadeiros sentimentos que nos unem.

Flor

No brilho das cores de uma flor, deixo-te mil segredos por revelar. Entre as letras que te escrevo dia a dia, religiosamente, guardo os sentido que apenas a ti entrego, no silêncio da noite, por entre serra e mar, por entre a terra e o ar. As saudades estendem-se pela imensidão do oceano, e a ausência deixa-me a alma sombria, mas a esperança de que o regresso seja apenas questão de um segundo, dá-me o alento necessário para fazer brotar da profundidade dos sentidos as palavras que te alimentam, na distância.

Os perfumes que mesclo, entre essências de vida, tentando recriar a formula mágica que me levará de corpo e alma para o teu mundo, exalam o gosto da tua pele, qual pétala desta flor que te ofereço. O teu corpo longínquo, envia-me, em cada segundo o pulsar do teu coração, a tua alma, dentro da minha, traduz as letras que te emprestam para me escreveres, desencriptando os sentimentos que nelas embrulhaste com a seda do teu pensamento.

Espero todas as noites, e de dia, contemplo esta flor, sabendo que existes em mim, como ela existe neste jardim, secreto, onde tu caminhas na beleza das noites, e repousas no brilho dos dias, deixando o tempo passar, reduzindo as horas a segundos para que a saudade te comporte.

Mundo secreto

Encontro-te, reflectida no brilho das estrelas que noite após noite iluminam a minha saudade. Encontro-te, dispersa nos elementos, na brisa, no ar que me rodeia e respiro, na água que me molha o rosto e dissimula as lágrimas que não choro, na terra, por onde caminha o corpo perdido de ti, no fogo que alimenta o desejo, a paixão e a alma, que me aquece nas noites frias da planura.

Encontro-te, no beijo inocente das aves, na imensa beleza das suas cores, escolhidas duma paleta divina. No verde das árvores que me cobrem o corpo de sombra nas tardes quentes de Verão. No azul do céu, vazio de nuvens, que marca os limites entre o dia e a noite. Encontro-te, sempre, como se estivesses aqui, como se o teu corpo fosse meu, como se a realidade fosse apenas uma ficção.

António Almas

Estes corpos entrelaçados, recordam-me um passado distante, quando outros corpos, as mesmas almas, se entrelaçavam para se amar, na noite dos tempos, sentindo a eternidade passar-lhes por entre os dedos. A saudade, percorre séculos, distâncias e momentos, tentando saciar os seus desejos, tentando morrer, por te encontrar. Por entre a multidão, atravessa corpos, perscruta almas, sentindo o ritmo aos corações, tentando adivinhar-te.

Agora, no instante em que encontro perante mim, sinto o teu coração palpitar, sinto a tua alma abraçar-me, abre-se entre nós um mundo secreto que há muito julgávamos esquecido. Não quero deixar-te partir.

É assim que te sinto...

Peço ao céu as nuvens, que com um sopro, esculpo o teu corpo. Peço ao Sol os raios, para transformar nos fios doirados do teu cabelo. Peço à Lua o brilho, que coloco no teu olhar. À Terra peço a cor com que cubro a tua pele. Da noite retiro o véu, pontilhado de estrelas, com que sensualmente te visto.

Do mar retiro a força das marés, com que te animo, da minha alma, retiro um pedaço, e dou-te vida. É assim todas as vezes que te vejo, um quadro, uma escultura, uma criação divinamente bela. Suspensa sobre a bruma da madrugada, chegas para me salpicar a alma com o orvalho da manhã, para me acordar com um beijo suave sobre os lábios dormentes de um sono à muito prolongado.

Acordas-me, com a caricia da brisa suave duma qualquer manhã de final de Verão, e eu, que te esperava desde os confins da eternidade, abro os olhos para contemplar a beleza da tua aura que brilha sobre um corpo inventado num sonho de menino. Acordo, com o sorriso a despontar-me na face, ao encontrar com os meus olhos, os teus, ao encontrar com os meus dedos as tuas mãos suaves, ao encontrar com os meus lábios, o mel da tua boca que me adoça o despertar.

É assim que sempre chegas até mim, mesmo na distância, mesmo na saudade, é assim que te recordo, e é assim que te sinto, sempre presente em mim, em cada despertar, mas particularmente em cada adormecer...

Amar-te

A penumbra invade o espaço, o perfume do incenso sobe em espirais de fumo suave, a luz das velas acesas treme agitando com ela as sombras dos nossos corpos desnudos. Deixo os meus dedos escorrerem como água sobre a tua pele clara. Percorrem como o vento, cada curva, cada detalhe de ti. A minha boca, deixa escapar a língua que pousa sobre o teu peito, desenhanco sobre ti, como se duma tela se tratasse. As minhas mãos abraçam a curvatura dos teus seios, com a luxúria e o desejo guardado por mil anos.

A música toca tranquila, misturando-se com os perfumes e essências. Os meus olhos prendem-se dos teus, que se fecham para sentir mais profundamente. C teu corpo, colado no meu, estremece de saudade, recordando os tempos em que já me tiveste, em que já fomos apenas um e nos amávamos até à exaustão. Sinto-te chegar em mim, sinto o meu corpo entrar no teu, e a alma dissolver-se na tua como açúcar. Nesse instante, fecho os olhos, e junto-me a ti, para lá dos limites do mundo que apenas os olhos conhecem. Deixo que os sentidos nos levem num viagem atrás no tempo.

As almas vibram ao ritmo dos corpos, em espasmos de prazer, e estes, já exaustos, cedem, suavemente, os corações ganha de novo uma pulsação suave, a música volta para relaxar e distendê-los, enquanto as almas dançam sobre o espaço vazio acima deles.

Esta noite amei-te, como há muito o tempo não me permitia, com a força da vida que o corpo carrega, com a intensidade da alma que há séculos esperava...por ti!

Pranto

Gota, desse mar imenso, onde tudo cabe. Instante, momento, onde a saudade se comprime contra as paredes do tempo. Espaço, exíguo, onde os corpos se unem, se apertam. Alma, enorme, onde os espíritos vagueiam no vácuo perdido.

Letra, minúscula, onde nasce o livro, onde as frases se estendem e os parágrafos são planaltos de onde se avista o fim da página. Palavra, calada, que o vento não diz, que a boca guarda e a mão não pronúncia. Entre a pequenez do detalhe e a imensidão da ausência, recriam-se encontros entre o que escutamos, sentimos, lemos. Constroem-se sonhos, mundos e quimeras, na ânsia de colmatar as necessidades da alma, a sede do espírito, a fome do corpo.

Gota, lágrima perdida no rosto, pérola salgada do pranto, água, sofrimento e dor, procura o caminho por encontrar,

António Almas

que te levará daqui, até ao teu lugar, no mar, da saudade, esse mar, imenso, que inunda a alma. Adormece-me, num sono profundo, como se estivesse no fim, o mundo, como se hoje, não tivesse amanhã, ou, simplesmente, já estivesses aqui.

Presságio

O vento não transporta notícias boas. Sinto as nuvens da tempestade envolver-me o corpo. Sinto o cheiro eléctrico da humidade do ar. Vai chover... um mau presságio adivinha-se no horizonte, e o murmúrio da tua dor toca-me a alma. Vejo a lágrima que rola pela tua face, e sinto-te o coração apertado, quando o corpo te magoa o espírito.

A minha alma estremeceu, antes mesmo de chegar a mim a vibração dum corpo em queda, antes mesmo da dor do impacto na rocha fria da realidade, senti-te, e escrevi-te sobre a cor do céu da minha alma, sobre as nuvens que o escureciam, sobre a chuva que caia cá dentro... Este instante de antecipação, fruto de a minha alma ser a tua, revela-me a certeza de que o primeiro pensamento foi meu, no instante em que a realidade te atingiu, e a dor dilacerou a carne.

António Almas

Na distância, sopro fortemente, na direcção da tormenta, que tento com a força que me dás e levo dentro, dissipar as nuvens e fazer chegar a ti, um raio do Sol, um brilho da Lua, para voltar a colocar-te na face, ainda que por um instante, o sorriso, com que me brindas quando estás comigo.

Esperar

Tento adivinhar por entre as pedras o caminho, tento contornar as dificuldades que o destino me coloca, por forma a não esbarrar, não magoar. Evito, as pontas afiadas das rochas, evito perder-me na caminhada. Por entre a bruma, descubro-me, vejo a imagem reflectida nas superfícies brilhantes, imagino o que está para lá da esquina, tentando predizer o que está por vir. Debruço-me sobre os livros, sobre as formulas, cálculos e profecias, tentando entender o rasto que fica quando passo, a cada passo.

Caminho, pesadamente, sobre cada trecho, sentindo o corpo cansado, a alma carrega-me. Procuro no escuro, a luz de um dia qualquer, procuro na noite, a Lua que teima em adormecer. Longo é cada segundo que arrasta o tempo atrás de mim, como uma corrente que me prende, sangrando-me o corpo, dilacerando-me o espírito como um cilício.

António Almas

Entrego a esperança carregada entre mão, ao divino, deixando o futuro chegar sozinho, deixando a alma esperar, na beira do caminho, que a venham buscar.

O meu lugar

Para lá do pôr-do-sol, existe a noite. No limite da escuridão abre-se a porta para um mundo diferente, um lugar pequeno, onde o tempo deixou à muito de passar, onde a luz é ténue. Por entre o verde das imensas árvores que parecem tocar o céu dum fim de tarde que nunca acaba, estendem-se pequenas veredas, por entre a vegetação rasteira que povoa toda a floresta. A música constante dos pássaros que cantam por entre o arvoredo, anima o silêncio deste lugar vazio de gente, onde a natureza governa e onde se respira a frescura da magia que paira no ar.

Embrenhada na selva, no meio duma clareira, uma velha casa de madeira, serve-me de abrigo, é aqui que vivo, saboreando esta tarde eterna da vida, que o tempo se encarregou de congelar, entre o dia e a noite, entre ontem e o amanhã.

António Almas

Os livros formam pilhas que sobem do chão ao tecto, manuais e manuscritos espalham-se por uma velha secretária de madeira retorcida pelo tempo que nunca passou. As velas, apoiadas em pesados castiçais de ferro, derramam sobre o soalho a cera, formando cascatas de estalactites por entre o treme-luzir da sua própria luz. A cinza do incenso que arde um pouco por todos os cantos, espalha-se como sementes ao vento, com a brisa que se infiltra por entre as frestas das janelas.

No meio desta atmosfera turva e aromática, sento-me, sobre a minha cadeira de baloiço, com papel e caneta, escrevendo um poema eterno, que o tempo não deixará terminar. O corpo imutável de menino, leva o espírito para lá dos limites deste mundo, olhando na distância para o vazio que separa a realidade da ficção, este mundo do outro, onde o tempo corre veloz e a vida palpita. Aqui, onde o tempo dorme, mora a minha alma, qual criança perdida, escondida das agruras da realidade.

António Almas

Magia

A noite alonga-se na solidão das palavras. Fechado por entre o arvoredo denso da floresta, espero-te. Debruçado sobre formulas alquímicas, procuro o segredo que te transporte para esta dimensão.

No céu, as estrelas são faróis que iluminam um caminho à muito traçado, para que não te percas no regresso a esta casa que é a tua. Lá em baixo, por entre as árvores, iluminado apenas pelas velas que ardem nos castiçais, espero um segundo, faço uma pausa, para deixar que o sortilégio ganhe força.

Subitamente, uma luz esverdeada começa a ganhar brilho, uma coluna de vapores sobe em espirais tentando alcançar a noite escura lá fora. A floresta, outrora negra, brilha agora com a intensidade dum relâmpago.

O murmúrio dos meus sentidos ecoa na prece, tentando

alcançar os teus sentimentos. Chamo o teu nome que se espalha pela atmosfera como o som de um trovão imenso. Sinto que subitamente os nossos mundos se tocam, as dimensões roçam-se tangencialmente, abrindo-se entre elas uma passagem. Do outro lado vejo a tua silhueta, estendo-te a mão, e tocas-me...

António Almas

O som do teu silêncio

Quebra-se o silêncio, um grito de libertação rasga a atmosfera densa. A palavra ganha uma voz, e a voz ganha um sotaque, o silêncio abre-se para deixar passar as letras que se projectam da boca e se atiram no ar com a ansiedade de chegar a ti.

Rompe-se a barreira do som, deixo as frases nascer na garganta, quando antes apenas nasciam nos dedos. Este grito, suave, que projecto no ar, em mil ondas de frequência, converte-se na minha própria voz, que te ofereço através dos séculos. Hoje, como ontem, como há mil anos, sentes-me de uma forma diversa, quando entendes as minhas palavras, escutando-as, num murmúrio que te sussurro ao ouvido. Num segredo que te conto.

Rasga-se o véu da penumbra, o som do silêncio espaça as palavras que me dizes. Sinto-te distante, medindo-as, o tempo apagou em ti o fulgor de outrora quando as dizias com facilidade, ou será apenas medo? Espero, no outro lado do dia, que despertes, para ouvir o som das tuas palavras, e sentir de novo um arrepio de prazer, depois de mil anos de silêncio.

António Almas

O meu lugar

Para lá do pôr-do-sol, existe a noite. No limite da escuridão abre-se a porta para um mundo diferente, um lugar pequeno, onde o tempo deixou à muito de passar, onde a luz é ténue. Por entre o verde das imensas árvores que parecem tocar o céu dum fim de tarde que nunca acaba, estendem-se pequenas veredas, por entre a vegetação rasteira que povoa toda a floresta. A música constante dos pássaros que cantam por entre o arvoredo, anima o silêncio deste lugar vazio de gente, onde a natureza governa e onde se respira a frescura da magia que paira no ar.

Embrenhada na selva, no meio duma clareira, uma velha casa de madeira, serve-me de abrigo, é aqui que vivo, saboreando esta tarde eterna da vida, que o tempo se encarregou de congelar, entre o dia e a noite, entre o ontem e o amanhã.

Os livros formam pilhas que sobem do chão ao tecto, manuais e manuscritos espalham-se por uma velha secretária de madeira retorcida pelo tempo que nunca passou. As velas, apoiadas em pesados castiçais de ferro, derramam sobre o soalho a cera, formando cascatas de estalactites por entre o tremeluzir da sua própria luz. A cinza do incenso que arde um pouco por todos os cantos, espalha-se como sementes ao vento, com a brisa que se infiltra por entre as frestas das janelas.

No meio desta atmosfera turva e aromática, sento-me, sobre a minha cadeira de baloiço, com papel e caneta, escrevendo um poema eterno, que o tempo não deixará terminar. O corpo imutável de menino, leva o espírito para lá dos limites deste mundo, olhando na distância para o vazio que separa a realidade da ficção, este mundo do outro, onde o tempo corre veloz e a vida palpita. Aqui, onde o tempo dorme, mora a minha alma, qual criança perdida, escondida das agruras da

António Almas

realidade.

Esperar

Tento adivinhar por entre as pedras o caminho, tento contornar as dificuldades que o destino me coloca, por forma a não esbarrar, não magoar. Evito, as pontas afiadas das rochas, evito perder-me na caminhada.

Por entre a bruma, descubro-me, vejo a imagem reflectida nas superfícies brilhantes, imagino o que está para lá da esquina, tentando predizer o que está por vir. Debruço-me sobre os livros, sobre as formulas, cálculos e profecias, tentando entender o rasto que fica quando passo, a cada passo.

Caminho, pesadamente, sobre cada trecho, sentindo o corpo cansado, a alma carrega-me. Procuro no escuro, a luz de um dia qualquer, procuro na noite, a Lua que teima em adormecer. Longo é cada segundo que arrasta o tempo atrás de mim, como uma corrente que me prende, sangrando-me o corpo, dilacerando-me o

António Almas

espírito como um cilício.

Entrego a esperança carregada entre mão, ao divino, deixando o futuro chegar sozinho, deixando a alma esperar, na beira do caminho, que a venham buscar.

O fim da Noite!

Coloco a mascara, escondo o rosto, recolho as asas, encubro o dorso. Deixo as palavras morrerem no peito, o jardim deixa de florescer à falta de raios de sol, de chuva que o avive. Esta Noite não faz mais sentido, não tem qualquer cabimento quando as letras se repetem em frases ocas, em textos perdidos em desvarios da mente que à falta de ter aquilo que não encontra se limita a brincar com os sentidos, com a alma, como se fosse bola em mãos de criança.

Recolho-me, enrolo o corpo sobre si próprio, como se fosse um envelope que se fechasse por dentro, selo a alma, apago a luz e as letras deixam agora de brilhar, palavras mortas, metáforas gastas num prenúncio de fim. Não estás, não estou, aqui, já, para te abraçar, para me abraçar. Por mais braços que invente, não encontro nas palavras os sentires que me permitam tocar, tocar-te, não estás aí!

António Almas

O sol ardente, queima a pele, curte-a, abrasa-a, secando cada pétala, cada folha, num único e último suspiro, num pequeno sopro, que, anuncia o final da vida, o fim da Noite, o início do dia!

Até que o dia amanheça....

No silêncio da noite, abres teus braços para receber a minha alma. Teu corpo despido, coberto com esse véu translúcido que suaviza os contornos da tua pele, abre-se para mim, oferecendo-me o prazer, o calor, a alma, que brilha no teu centro de gravidade. Venho, com a sede nos lábios, beber da tua boca, o gosto suavemente quente da tua língua que se enrola na minha.

Nesta noite, o meu corpo cola-se no teu, sentindo-te o coração acelerar, olho-te profundamente nesse azul, vislumbro nele o mar imenso que reténs no teu olhar. Ficamos ali, quietos, frente a frente, num instante, num momento, olhos nos olhos, corpo no corpo, alma na alma. Paramos com um simples toque a realidade que se separa, diverge desta dimensão, deixando-nos sós, no nosso próprio Universo.

Perdemos a noção do tempo, esquecemos o espaço à

António Almas

nossa volta, somos apenas uma corrente de energia que flui, entre corpos colados, abraçados, sentindo-se, transferindo, trocando emoções em olhares fixos.

Fechamos os olhos, e beijamos-nos, intensa e prolongadamente, até que o dia amanheça...

Sentes-me?

Sente-se, mesmo aqui, na eterna distância que nos separa, o calor imenso do teu corpo. Olho-te, na sensualidade do teu quarto, enquanto a roupa se desprende de ti, e me mostras a nudez da tua alma, embrulhada nesse corpo fremente. A pele arrepia-se ao sentires-me tocá-la, como um sopro, teus olhos encerram-se num desejo que os revira nas órbitas, teu ventre retrai-se como que contendo um espasmo de prazer. Sentes-me, percorrer-te por completo, as mãos, os lábios o corpo, tua alma incandescente, refrigera-se ao fundir-se com a minha.

Teus dedos, seguem minhas mãos nesta viagem aos teus sentidos, o corpo agradece e a alma mata a sede que a saudade reclama. Sinto o perfume do teu cabelo longo, o sabor da canela em tua pele, o calor que de ti emana. De olhos cerrados, faço-me presença em ti, transporto o corpo para alimentar o teu, levo a alma para abraçar a tua, nesta viagem transcendental ao nosso Universo.

Os corpos exaustos pelo prazer que se ofereceram repousam juntos no limiar das dimensões, espaço e tempo que nos separam, mantendo as mãos enlaçadas, conexão inviolada através dos séculos. As almas, feitas de uma só pela fusão, permanecerão ligadas através dos céus, atravessando o portal da eternidade.

No teu poema

Nas letras do teu poema, encontro-te, contemplando a noite, a alma enlaça-se nas rimas, e a voz que não escuto, declama os versos, como se os escrevesses nesse instante, para mim. No teu poema, a luz nasce, entre cada estrofe, no ritmo do palpitar do meu coração que bate no teu peito.

O teu corpo, despido, espera pela brisa do meu vento, que o afaga, como se meus dedos se fizessem de nada e viessem acariciar-te a tua pele canela, descobrindo cada recanto teu, como se já te houvesse tocado um dia, te tivesse possuído, fosses minha naquele momento em que consigo rasgar a barreira entre as dimensões para estender o meu braço, abraçar-te.

A música embala o teu olhar, uma lágrima de saudade desprende-se, formando um rio que corre. face abaixo, percorrendo-te, deixando por todo o corpo as letras que me escreves, fazendo da tua pele, papel onde marcas a tinta os sentidos que me ofereces.

Neste instante, abro as nuvens, e deixo escapar do meu peito um brilho, que atinge o teu olhar, repousa no teu peito, levando com ele a minha pele, o corpo que te aquece a alma, te cobre, te descobre e te ama até nascer uma nova madrugada.

Meu amor...Teu amor

Este é o fogo das estrelas, paixão perdida atrás nos tempos que encontras na minha Noite. Amor fremente que te arde, qual fogo, no peito. Eu, aquele abraço imenso com que a escuridão brinda o teu corpo despido. Minha boca, em teus lábios vem murmurar recados dos sentidos que nascem no fundo das nossas almas. Tua respiração ofegante, quente, dissipa-se por todo o meu corpo, enquanto tuas mãos, maduras, correm os prazeres que, qual frutos de Outono, minha pele emana.

Neste bailado, as estrelas iluminam-nos e a Lua olha-nos, oferecendo-nos o seu brilho que se espelha nos olhos apaixonados de cada um de nós. Um suspiro solta-se e ganha asas, qual pomba, voando para o infinito, levando com ela laivos desse amor que paira sobre esta encantada noite que nos cobre, encobre e embala.

Sussurro-te cada desejo, desenhando com palavras o

António Almas

Universo, nosso, onde cada estrela representa teu coração que palpita, cada galáxia a música que compões.

Meu amor, fonte inesgotável de sentimentos, que brotam, como água fresca que rasga a rocha para dar de beber à tua sede. Teu amor, aconchego, calmaria, lago de águas tépidas onde ancoro meu coração.

Água

Nasces em mim, como água pura, emerges do centro da alma, nesta noite escura, por entre o silêncio, a calma. És gota, esférica e frágil, que a outra gota te juntas, que a outras se abraçam num bailado profundo, e nasces, aqui, no meio de mim. És corrente, água fremente, que me lava. Cascata que a rocha desgasta, numa carícia suave. És rio, que atravessa a paisagem, que inunda a minha margem, carregando contigo pedaços do meu ser. És lago, de águas tranquilas, que me abrigas, que me abraças, afagas, adormeces.

Sou grão de areia, pedaço de rocha perdida, vagueado à deriva por entre as gotas do teu mar. Sou apenas a letra, que vazia, se inunda da essência do teu ser, se conjuga no entrelaçar de muitas outras que se lhe juntam, criando palavras que se empilham em frases sentidas por páginas a fio, que derramo neste oceano imenso.

António Almas

Sabes, não sei se já te encontrei, se faço parte de ti, ou se simplesmente me enganei, e sigo aqui, esperando-te, mesmo depois de te ter visto passar, correndo, por um riacho, na força desta corrente que te há-de fazer mar.

Mar

Escorre pelas mãos o tempo, como areia que se dissolve na água do mar. Passa por mim a vida, correndo como rio até ao oceano. Fico sentado, neste recanto de estrada, margem entre ficção e realidade, instante parado, pedaço de tempo que perco. Não sei onde estou, sequer se estou em algum lugar. Não sei como vim, de onde parti para aqui chegar.

Tu, bálsamo que suavizas minha dor, momento de prazer que me acolhe no meio da Noite. Só em ti encontro a alma, só em ti encontro a casa, o leito perdido onde me recebes de corpo aberto. Tu, tão somente tu, que no vazio me descobre, que na imensidão da praia me distingues entre grãos de areia, tu, apenas tu.

Silêncio, cala-se a vida, sossegam os murmúrios e a ausência torna-se presente, neste lugar vazio onde me deixo ficar. Chegas, nas ondas do mar, perdida na brisa do vento, ou no raio que rasga o céu escuro da tempestade. Teu corpo molhado, é areal onde me deito, abraço, apertado que me conforta, colo que me aconchega. Eu, teu porto de abrigo, onde aportas teu corpo, onde matas a sede da saudade e renovas a alma, no sopro suave dos meus lábios.

Abraço eterno

Da minha essência deixo perder-se o perfume, que qual fumo se enrola no ar. De meu corpo desprende-se o sabor, que da pele se evapora no ar. De meus lábios solto a brisa, vento que arrasta de mim a alma no espaço vazio da noite. No olhar transporto o mar, salgado por entre lágrimas, revolto de emoções, bramindo em convulsões.

É do silêncio que nascem o som das tuas letras, palavras que cantam numa melodia suave, frases que crescem, se fazem mulher no teu corpo, se fazem companhia na tua alma, se fazem presentes no sonho que criaste para ambos. És mar, tranquilo e sereno que se funde no meu olhar. És chuva, lágrima salgada que se desprende sobre meu corpo.

Das estrelas desprendem-se raios de luz que iluminam teu corpo desnudo, são faróis que me guiam, desvendando sobre a tua pele os segredos mais íntimos. Neste encontro de corpos fundem-se almas nos céus escuros desta Noite em que te faço minha, em que me tomas nos braços e me sentes, num abraço apertado, eterno!

Volúpia

Espalham-se as essências nos fumos que cobrem o quarto com uma cortina de nevoeiro. Consome-se a madeira em fogo lento, queimando o incenso. O dia adormece, aos poucos, rasgando o espaço em raios pálidos cor de mel.

Sobre a cama, desfolhaste as pétalas da rosa que te dei, eu, como uma prece, sussurrava as palavras mágicas a cada malmequer que deixava cair sobre o soalho. Numa bandeja, serviram-nos champanhe, e uma taça de morangos. Do bolso do casaco tirei uma barra de chocolate negro.

Deixaste o teu corpo sobre a cama, semi-despido, esperando que lhe juntasse o meu, desnudo. Deixamos a música entrar, para nos abraçar os sentidos, quebramos o tempo nos relógios parados sobre a mesa de cabeceira.

António Almas

É o fim do dia, o fim do mundo, o fim da vida. Dentro deste secreto lugar, ficamos tu e eu, enlaçados num transe voluptuoso. Envoltos nos silêncio que a cada música que termina, fazem calar os gemidos de um prazer reinventado.

É noite já, ou será novo, o dia? Não quero saber, se a luz que me ilumina é do Sol, ou da tua alma que se fundiu na minha. Deixo as forças abandonar o corpo e a alma, exausta, cheia de todos os prazeres que me deste, entrega-se, já vencida, a um instante de repouso.

Gueixa

Escrevo, sobre a tua pele de seda, como se de folha vazia se tratasse. Escondo entre as letras que apenas eu conheço, os segredos por revelar de nossos sonhos.

Escorre a tinta como as lágrimas, face abaixo sobre forma de caracteres. Frases, formam-se em cascatas de sentidos, preenchendo-te o corpo.

Brotam do teu ventre, livros que encerram em si as memórias de outros tempo, contando histórias que as vidas atravessam. Escrevo, sobre esta folha branca, com o negro da tinta, desenhos que não entendes, códices misteriosos que guardam a magia de todas as palavras que não te disse.

O teu corpo, tatuado, é papel onde me ceito, é cama onde escrevo, é lençol que me abraça o corpo despido.

António Almas

Escrevo-te, a fogo, no calor da tua alma, com a luz que te ilumina o olhar e te aquece nestes dias frios de Inverno.

Tatuo a tua pele de gueixa, imaculadamente branca, que confundo com o papel onde me debruço e despejo as mágoas, os vazios, mas de onde recolho os prazeres, os sentidos as essências da vida eterna.

Morte

Olhas-me a cada esquina. Escondes-te na sombra de cada viela. Caminhas, atrás de mim, como se fosses a minha própria sombra. Olho-te, vejo-te a cara vazia e o olhar fulminante. Neste ténue equilíbrio entre a perpendicular e a queda, entre a salvação e a desgraça, entre a vida e a morte.

Em cada encruzilhada convidas-me a tomar o teu partido, abandonando o corpo, deixando a vida, para seguir, de mãos dadas contigo, na escuridão da noite. Do outro lado da rua, a luz chama o eu nome, diz-me que é por ali o caminho, é por ali a vida.

Hesito, fico no meio do caminho, olho a morte, olho a vida, questiono-me qual delas deve levar-me, qual delas mereço. Mas há amarras, fortes correntes que ainda me prendem à luz do dia, laços que não devo cortar, gente, que espera por mim no passeio. Olho-te, mais uma vez, e sigo a luz, mantendo o corpo erecto, evitando mais uma vez a queda.

Sabes que um dia serei teu, és paciente, persistente, afinal a vitória será tua, inevitavelmente, um dia, quando se quebrem as correntes, sabes que escolherei ir contigo, e levar-me-ás.

Deixo-te, em cada esquina, em cada encruzilhada da vida, porta entreaberta para a próxima dimensão.

Mundo da fantasia

No mundo perdido da minha fantasia, os castelos nascem nas nuvens e os jardins, secretos, perdem-se por entre o céu azul do dia, ou na penumbra do pôr de um sol qualquer. As cores são vivas e simultaneamente suaves, numa contradição perfeita entre o sonho e a mais dura realidade.

Por aqui, os pássaros não voam, caminham e nós, temos asas, voamos, de nuvem em nuvem, de castelo em castelo, por entre as árvores gigantes da floresta, ou, até, na profundidade de lagos de águas mornas e transparentes. As flores nascem por todo o lado e sente-se o seu perfume, invadir o ar, numa primavera eterna de essências.

Num espaço escuso, reservei um canto, onde me sento, e deixo o olhar perder-se, nas vastas planuras que envolvem este mundo perdido nos confins da memória que criamos na nossa infância. Aqui o corpo não sente as dores da realidade, aqui a alma não sofre as amarguras da vida.

Volto, sempre que a reminiscência da infância se apodera da consciência do homem, sempre que a vida me dá um instante de liberdade, sempre que o sonho domina o sono e o cansaço, sempre, que consigo cá chegar.

Sonho proibido

Entrego o espírito ao vento forte que sopra lá fora, dispo o corpo e deixo a alma voar, mesmo sem asas. A música adormece o que resta de mim, e as palavras soltam-se na ponta dos dedos. Deixo-me navegar por sonhos proibidos, espaços reservados que guardo na minha própria caixa de Pandora.

Desenho com as letras cada pedaço deste lugar onde repousam as magias, onde dormem os duendes e as fadas se refugiam quando esgotam os seus feitiços. Pinto com as cores da aurora os pedaços deste céu que me envolve. Liberto as letras em cascatas que se esbatem contra a superfície tranquila deste mar que morre placidamente na areia da praia.

Deixo à solta os sentidos, para que toquem os corpos dos que aqui vêm visitar-me, despertando-lhes as almas para a dimensão deste lugar. Aqui, onde o Sol nasce juntamente com a Lua e o dia coexiste com a noite. Nesta ambiguidade prazerosa, os textos ganham forma de gaivotas que rasgam o azul, com laivos brancos.

Por aqui me perco, e me deixo ficar sempre que a vida lá fora me comprime, me empurra e me angustia. Este é o lugar secreto, onde me encontras sempre que não sabes de mim. Aqui vive a alma que não vês mas sentes, aqui, neste sonho proibido.

Anjo sensual

Revelas-te por entre as brumas da noite. De asas brancas, corpo esbelto, trazes nas mãos a alma incandescente. A pele, nua, evapora o desejo que te queima o ventre. É noite, é escuro e a tua presença amanhece-me os sentidos.

Anjo sensual, vestido de plumas imaculadas, íman que me chama, calor que me aconchega no frio destas noites feitas de nada. És fogo, sarça ardente, que se consome sem se destruir. Prazer eterno, etéreo, Luz, força. Perco-me nos caminhos escusos, por entre sombras e solidão, por entre a Terra e o Ar. Procuras-me, e sempre me encontras, mesmo quando não me vês, sentes-me simplesmente. Sinto a tua presença constante.

Anjo perdido, que encontro caído, na berma do caminho, tentação, ou pura invenção, instante de loucura em que o corpo padece de sede e a alma morre ao dispersar a sua luz. Recebo-te, de olhos fechados, de peito aberto, para que te fundas em mim, para que morras aqui.

Espera

Palavras, soltas no vento, vazios, desalentos. Noite de utopia, sonho ou mera fantasia. Espero por ti, barca do destino, neste cais onde o mar é feito de nuvens e o céu inundado de águas. Espero que me leves, fazendo a ponte entre a vida que não me preenche, e os sonhos, ideais e quimeras que me alimentam o espírito.

Entrego-me nesta espera, de lágrimas nos olhos por ver derrotadas todas as expectativas, de lágrimas vagueando pela face por sentir na pele o fogo que queima os que me são queridos. Infame destino, tempo perdido na procura do inatingível, minutos, horas e dias, feitos de anos de esforços gorados, remando a contra-maré, sem sair do mesmo sítio.

O corpo exausto, espera pela unção, que sarará os flagelos infringidos. A alma cinzenta, escurecida, espera pela luz, para ganhar cor, e resplandecer de energia.

António Almas

Neste lugar, onde não há dia nem noite, onde a espera parece infinita e ao longe avisto o paraíso pretendido, deixo-me ficar, preso aos fios que aqui deixei, pedaços meus que um dia plantei, por quem hoje derramo o sal destas lágrimas que me escorrem como sangue pelo corpo abaixo.

É hora de pagar, alto, o preço de um sonho, é hora de aguentar, o cilício, e esperar, mais um pouco, dar tempo, amparar os desprotegidos e... depois... deixar-se levar, até ao destino!

Filha minha

Dei-te um pedaço da minha alma, entreguei-te o meu corpo que recebeu o teu numa manhã fria de Inverno. Aconcheguei-te no meu colo, senti-te no meu peito como algo meu. Olhei-te nos olhos semi-cerrados e vislumbrei um pedaço da minha alma dentro de ti.

Dei-te o nome duma flor, e criei-te no meu jardim, as tuas mãos procuravam sempre as minhas e o meu olhar encontrava-se no teu.

Princesa deste reino mágico que desenhamos juntos nas tardes de primavera, com o sol a brilhar no imenso céu azul. Companheira atenta e doce, pisavas nas minhas pegadas, seguindo-me para onde quer que fosse. Adormecias no meu regaço e eu, cantava-te canções de embalar.

Nas noites de tormenta chamavas o meu nome, ou,

António Almas

vinhas pé ante pé, até à beira do meu leito despertar-me de mansinho, e enroscar-te no meu âmago.

Hoje estás longe, mas ainda assim estou contigo, levo-te no meu peito, e sinto-te minha, como no dia em que te vi nascer. A cada reencontro, o teu abraço é como o mundo que me envolve, como o sonho que se faz de realidade.

Não existem distâncias em nós, porque somos a extensão do outro, eu sou parte de ti, e tu, fazes parte de mim, minha filha.

Espírito do inverno

Espírito do inverno, miragem ou pura fantasia. Vem por entre as sombras, abraçar o meu corpo, levá- o paras as neves eternas, gelá-lo. Aproveita, e absorve-me a alma, dissolve-a na chuva, como uma singela lágrima, que se abate sobre o chão molhado deste dia triste.

Os sonhos, guarda-os numa bola de cristal, para que possam ser vistos, mas nunca alcançáveis. As ilusões, cobre-as com seda selvagem, para que a fúria de não se tornarem reais, seja apaziguada pela beleza que transportavam.

Miragem virtual, de um mundo irreal, criação ou pura imaginação, dispersa-te no ar com o vento, para que não paires sobre o meu sono, como sonho, como pensamento, tormento.

Deixa as chuvas lavar o chão, que ainda à pouco pisei,

apagando as marcas dos passos que dei. Vem abraçar, o que resta de mim, estas letras, palavras que a saudade escreve, à revelia da mente.

Deixo-me ficar

Amanhece, a Noite adormece nos braços do dia. Faz-se luz, e a manhã emerge num nevoeiro silencioso. A agitação da Noite que passou, repousa agora num lago de águas paradas. Os relâmpagos da tempestade, são agora luz suave.

Amanhece, escuta-se o chilrear dos pássaros nas árvores ali em frente. Quebra-se o silêncio com a brisa do vento, outrora descontrolada, que agora agita, tranquilamente a folhagem das árvores.

Fez-se de luz, um novo acordar, instante perfeito, abraço apertado entre os limites da escuridão e o despertar. É dia, novo dia, renovação da esperança, que nem sempre nos alcança. A tempestade amainou, a alma deixou de se sobressaltar, chegou a bonança, e toda a vida retoma o seu lugar.

António Almas

Eu, deixei-me ficar, no meio da Noite, no centro da tormenta, e esperei a agitação passar, continuo aqui, quieto, imóvel, esperando, pacientemente, que me venham buscar. Deixo correr o tempo, como se fosse passar, mas fico quieto, deixo-me sempre ficar!

Começa a chover!

Reflexos de luz, vindos do passado, rasgam os céus nesta noite escura. Tormenta, exclamam, luz divina que quebra as trevas, mão celeste que toca a Terra. Fogo, etéreo que aparece para quebras o ar. Porta para trás, que nos leva às origens do mistério.

Na noite dos tempos, relâmpagos fazem o ar gritar em trovões sonantes. São vozes dos nossos ancestrais que se propagam até ao presente. Mensagens codificadas, sob a forma mais pura, a luz, que rasga o negrume. Vêm visitar-me, lembrar-me que não me devo esquecer da existência, da raiz onde a árvore assenta.

Espero-os, na planura extensa, fria e vazia. No meio desta noite negra, que me envolve. Canto-lhes, uma velha prece, de palavras antigas, rimas polidas pelo passar dos séculos. Deixo que o meu espírito abandone o corpo, que se envolva no ar, e se mescle com o passado, em pleno presente. O corpo, abandonado, entregue a si mesmo, sente a ausência de comando, e perde o sentido da vida, tombando, ao som do último trovão.

Faz-se silêncio, e no céu abre-se uma clareira entre as nuvens negras, uma luz, suave e límpida, desponta como um raio sobre o acampamento, é a Lua que espreita o corpo inerte, num último olhar de despedida, chora.

Começa a chover!

Eternamente menino

Sou criança, alvorada duma vida por começar.

Imaginação aberta, manhã submersa na penumbra que envolve os sonhos. Infância, abundância de sentires, novidades em cada esquina, surpresas por abrir. Manhã de Natal em constante presença, prenda.

Sou criança, acordar tranquilo, noite de Primavera. Segredo por desvendar, caminho por revelar. Passos inconstantes neste caminhar. Medo, frios e espanto, aqui e ali, algum desencanto. Carinho e ternura, paixão e criação. Nasço, adolescente, para a vida, deixo atrás a criança, ganho um par de asas e voo. Cresço, esqueço, transformo o sonho em algumas realidades, deixo muito de mim na gaveta das saudades.

Sou criança, adulta, menino vestido de homem, sonhador vestido de realista, criança com fato. Faço do sonho utopia, e deixo a realidade abraçar-me fortemente, entregando à noite os sonhos, que já só tenho adormecidos, no sub-consciente. As asas deixei-as gelar, e a ilusão, voar, sobre a eternidade, que também partiu, e me deixou simples, mortal.

Ainda assim, sou criança, num mundo diferente, ausente de sentires, faço do sonho o meu refúgio e da noite o meu dia, onde sou, eternamente menino, onde sou, permanentemente feliz.

Noite de paz

O frio gela o ar, e a Noite mais longa chegou. Espera-se o silêncio e a paz, na alma cansada, martirizada pela guerra, a fome e a ganância da humanidade. Nesta Noite, fez-se luz sobre os céus à dois mil anos. Nesta Noite, o mundo silenciou-se, e a esperança rasgou as trevas para caminhar sobre a Terra.

É preciso renovar a alma, renascer a cada dia que passa. Precisam-se sonhos, caminhos iluminados e fé, porque na fé reside o futuro da humanidade. Acreditar que amanhã pode ser melhor que hoje, fazer algo para que consigamos limpar do caminho as pedras soltas. Ajudar aquele que nos está próximo, não medindo o tamanho da ajuda, não pensando sequer em receber algo em troca.

Hoje, mais do que nunca, é preciso renunciar ao individualismo, à prepotência, viver só, não é viver mais,

António Almas

não é viver melhor. O ser humano precisa de estar em grupo, de se sentir amado, de se sentir necessário, ou, acabará por desfalecer, entre a rotina do quotidiano, e a ambição desmedida dos dias que atravessamos.

Deseja-se, que esta Noite, não seja uma simples noite, não seja apenas esta Noite, seja acima de tudo a primeira Noite, do resto das nossas vidas.

Feliz Natal.

Brumas

Manhã, submersa em névoas tranquilas. Espaço translúcido entre os galhos de uma árvore que fica, olhando o tempo passar, por entre a sua folhagem.

Despertar tranquilo, no silêncio que a Noite propaga para o dia, na calmaria. Acordar mistérios, envoltos nesta nuvem branca, onde nascem os sonhos, onde dormem as estrelas.

Faz-se, o dia, passo a passo, com o caminhar da luz. Rouba segredos escondidos na penumbra suave que a Noite lhe entrega. Correm os rios, enchem-se os mares, transbordam os oceanos da vida que este novo dia, agora desperta. Escuto o primeiro canto, o primeiro estalar de ramos, o primeiro instante em que um pássaro distante, as folhas agita.

Neste mar de tranquilidades, com a Lua adormecida,

deixo o corpo ser levado, nas asas desta brisa. O silêncio povoa-se de vida, e a minha, segue, ao ritmos dos saltos dos segundos, que se fazem dos minutos, que tomam conta de todas as horas. Amanheceu, e o corpo imerso nesta bruma imaculada, sente os elementos que o tocam, o frio, a humidade, mas sente sobretudo a vida, que se agita em seu redor.

É dia!

Formas

Deixo a Noite tomar conta dos corpos que se entrelaçam como fios de seda. Tomo nos dedos os sentidos e escrevo-te na pele macia. Solto na língua o sabor a canela do teu corpo, percorrendo-o em todas as direcções. Deixo o perfume de coco tomar conta do meu olfacto, cobrindo-me como espesso manto de nevoeiro.

Os meus braços desenham no ar arquétipos da tua silhueta, com suaves movimentos, ritmados por um pranto tranquilo que alguém canta, encanta, nesta dança inconstante do sentir além do toque, do tocar além da pele, do sonhar além do sono.

As bocas coladas numa perfusão perfeita entre fluidos, entregam à noite, as formas dos corpos abandonados sobre o chão do quarto. Deixam deambular as sombras que as velas balançam como as ondas de um mar tantas vezes imaginado em nós.

António Almas

O ar, carregado de aromas, sons e imagens, ganha o calor dos corpos que se agitam em frenéticas oscilações, ganha a voz dos gemidos lânguidos que deixamos escapar entre murmúrios escondidos, ganha a forma duma peça de arte intrincada que formamos no vazio do espaço.

É Noite!

Silêncios da Noite

Escuta-se o silêncio, entre cada espaço. Escuta-se o silêncio entre cada palavra. Escuta-se o silêncio por detrás de cada nota. E a música toca, incessantemente, numa cadência suave, que embala cada sentido numa direcção diversa.

Escuta-se o ritmo pausado de cada nota que cai, escuta-se o som das letras que brotam da voz do cantor. Sente-se o timbre adocicado da melodia que se espalha pelo ar. É quase madrugada, e a Noite ainda me embala. É quase dia, e ainda durmo.

Sinto, por entre o frio dum Inverno por vir o calor das letras que se aconchegam sobre a minha pele. Sinto a suavidade da lã que suspende no ar cada nota desta música que me alimenta. Sinto, em cada toque, o universo aberto, numa amplitude de dimensões que me invadem a alma.

217

António Almas

Amanhece, e ainda assim não quero despertar. Quero ficar, aqui, encostado no teu corpo, catalisando o teu calor. Não, não quero acordar, quero deixar-me ficar, para sempre, aqui. Não quero que a música cesse, não quero que a alma desperte.

É já dia, e eu, ainda estou na Noite.

Uma nova estrela

Uma nova estrela nasceu, do fogo perdido no céu. Com ela, agregam-se novas esperanças, com ela novos mundos se preparam para surgir. O espaço vazio foi inundado pela luz do seu nascimento. Dela brotou o calor da sua energia, catalisada do nada.

Harmonizam-se os elementos, a ordem celeste encarrega-se de alinhar os novos mundos que se agregam, aos poucos, a esta luz que a cada dia brilha mais intensa. Desenho, a traços de pincel, cada detalhe deste novo sistema. A cada mundo novo, recrio a imaginação.

Utopia, sonho, ou apenas realidade. Deixo voar os sentidos, e com eles levo o que ficou de mim. De asas estiradas, encaminho-me para uma nova morada, lugar mágico que detalhadamente desenhei.

António Almas

Levo no bolso, um pedaço de esperança, carrego na mochila os sonhos esquecidos, e nos olhos carrego a réstia de felicidade, que me permitirá viajar, ao sabor do vento estelar.

Esta noite, se as nuvens da vida o permitirem, olha o céu, e notarás que há mais uma estrela que brilha entre a imensidão do escuro... é lá que me encontrarás, após cada dia.

Bailarina

Pauso o olhar, nas tranças do tempo, deixo-me ficar, sentado sobre ele, vendo a vida passar, o teu corpo mudar, ao ritmo do meu pensamento. Deixo-me estar, parado entre os segundos, vislumbrando na penumbra o teu corpo desnudo, dançar em minha frente.

Hoje estou vazio, não sei se gastei todas as palavras de uma só vez, ou, se, simplesmente, deixaste de as soprar no vento. As mãos geladas não escrevem e o olhos ficam parados para lá do infinito, sem se aperceberem do que ocorre em seu redor. Tu, vestida de nada, segues aí, agitando o corpo ao ritmo dum relógio qualquer. As forças esvaem-se e o corpo entra numa letargia oca.

Não se escuta nada, nem a música que outrora enchia a casa de ruídos. Apenas os corpos permanecem sem saber muito bem porque ficaram aqui quando as almas foram para outra dimensão. Sinto apenas a brisa que provoca o ter corpo de bailarina, vestido da seda da tua pele, que se contorce nesse palco vazio que é a vida.

Os meus olhos, vidrados no horizonte que se apresenta como limite infinito deste mundo onde o ar é a única coisa que subsiste, apenas vêem para lá do escuro, um ponto azul claro, na extensa Noite em que se transforma esta dança sem música a que te entregas em cada dia da tua vida.

Obras já publicadas do autor:

- Diário de Sonhos 2009
- Reflexos d'Alma 2010
- O Livro dos Pensamentos I 2011
- A Magia das Letras – Aqua 2011
- Folhas Soltas 2012
- O Livro dos Pensamentos II 2013
- Absorvência 2014
- Ínfimos 2014
- Inflexões 2014
- Convexidade 2014
- Cartas a Sophia (Romance) 2015
- EVA – O despertar da Alma (Romance) 2015
- A Magia das Letras II – Ignis 2015
- Conversas com o Pai 2016
- O Livro dos Pensamentos III 2016
- O enigma do Amor (Romance) 2016
- O Druida (Romance) 2016
- O oráculo de Vénus (Romance) 2016
- The Soul's book (inglês) 2017
- Dissertações Poéticas 2017
- Amar só por amar 2017

Publicações à venda em:

Diário de Sonhos:
www.bertrand.pt

Restantes títulos:
www.amazon.com
www.lulu.com/spotlight/aalmas

e-Books:
www.amazon.com

Para obter livros autografados pelo autor solicitar para:
antonio.almas@gmail.com

Ou visite o site do autor em www.aalmas.eu

www.ingramcontent.com/pod-product-compliance
Lightning Source LLC
Chambersburg PA
CBHW071423090426
42737CB00011B/1552